幼儿安全教育丛书 · 丛书主编：高丙成

幼儿园安全教育活动手册

中班

孙蔷蔷　刘　敏 / 主编

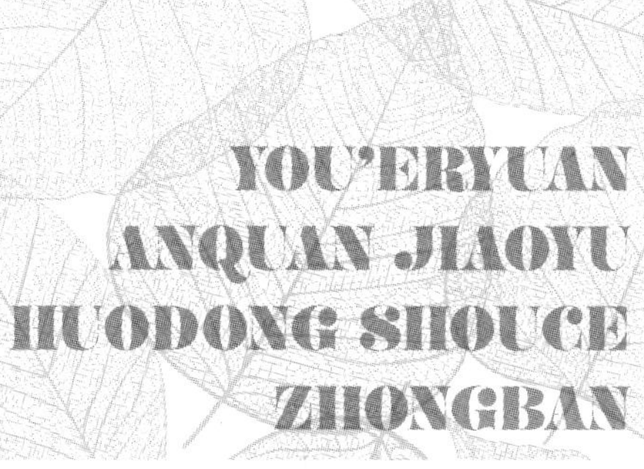

图书在版编目（CIP）数据

幼儿园安全教育活动手册. 中班／孙蔷蔷，刘敏主编. —北京：北京师范大学出版社，2022. 6（2023. 5 重印）

ISBN 978-7-303-27664-6

Ⅰ. ①幼… Ⅱ. ①孙… ②刘… Ⅲ. ①安全教育-学前教育-教学参考资料 Ⅳ. ①G613. 3

中国版本图书馆 CIP 数据核字（2021）第 279067 号

图书意见反馈 gaozhifk@bnupg. com 010-58805079
营销中心电话 010-58802135 010-58802786

出版发行：北京师范大学出版社 www. bnup. com
北京市西城区新街口外大街 12-3 号
邮政编码：100088

印 刷：三河市兴达印务有限公司
经 销：全国新华书店
开 本：787 mm × 1092 mm 1/16
印 张：14
字 数：204 千字
版 次：2022 年 6 月第 1 版
印 次：2023 年 5 月第 2 次印刷
定 价：52. 00 元

策划编辑：苏丽娅 责任编辑：冯 倩 王贺萌
美术编辑：李向昕 装帧设计：李向昕
责任校对：康 悦 责任印制：马 洁

本书编委会

主　编　孙蔷蔷　刘　敏

副主编　冯江英　卢筱红　吴文艳

编　委（按姓氏拼音排序）

陈　琴　程秀兰　高丙成　康永祥

李艳莹　刘　琨　秦旭芳　伍香平

张海凤　周丛笑

推荐序 FOREWORD

儿童的健康成长关系到人类的未来、国家的希望和家庭的幸福。世界卫生组织和联合国儿童基金会的报告显示，全球每天有2000多个家庭因非故意伤害或“意外事故”失去孩子，从而使得这些家庭变得支离破碎；当孩子成长至5岁时，非故意伤害成为他们健康和生命的最大威胁，也是致残的一个主要原因，并会对儿童生活的各个方面造成持久的影响。① 在我国，据不完全统计，每年至少有一千万的儿童受到各种形式的意外伤害，约占儿童总数的10%。其中，约有10万儿童因此死亡，有近50万儿童因此残疾。② 给予儿童良好的照顾，使其免受伤害，降低危害儿童身心安全的风险，是数十年来国际组织、各国政府和相关人士一直努力实现的目标，至今仍然任重道远。

“儿童因身心尚未成熟，在其出生以前和以后均需要特殊的保护和照料”，这既在1959年联合国大会通过的《儿童权利宣言》中得以申明，也在1989年通过的《儿童权利公约》中被重申铭记。作为缔约国，中国为了更好地践行公约，于1991年发布了《中华人民共和国未成年人保护法》（以下简称《未成年人保护法》），对0~18岁儿童的家庭保护、学校保护、社会保护、司法保护等均单章单列，明确提出了保护儿童身心健康、加强对儿童的安全教育、保护儿童的人身安全和人格权益等具体要求。因此，幼儿的安全保护既是世界《儿童权利公约》的重要内容，也是我国《未成年人保护法》的基本要求。应该说，

① 世界卫生组织、联合国儿童基金会：《世界预防儿童伤害报告》，前言，2012。

② 中华人民共和国教育部、联合国儿童基金会：《让孩子远离伤害——幼儿安全教育与安全管理手册》，2页，2021。

对学前儿童的安全保护，既是家庭和社会共同的责任，也是幼儿园工作的首要任务。

近年来，保证儿童的安全已经成为事关亿万家庭幸福、社会和谐稳定的重要因素。由于多种复杂的因素，幼儿的安全事故时有发生，幼儿园的安全事件较多。党和国家高度重视幼儿安全问题，出台了系列政策文件引领校园安全方向，明确校园防控体系和应急路径。例如，《中共中央 国务院关于学前教育深化改革规范发展的若干意见》强调："强化安全监管……建立全覆盖的幼儿园安全风险防控体系。"各级地方政府和相关部门高度重视幼儿园安全工作，采取了一系列措施保障幼儿园及周边安全；幼儿园也积极构建安全防护体系。各级部门具体落实，确保幼儿园安全形势总体稳定，并积累了很多经验；理论研究和实践研究也积极关注安全问题，未雨绸缪，取得了诸多进展。

我的同事，青年学者高丙成老师协同学前教育领域和安全教育领域的专家学者、教研人员、园长和教师，用自己的专业研究、实践经验、前瞻性思考和责任担当，组织编写了这套"幼儿安全教育丛书"，力图反映研究的最新进展，汇集各地的有效经验，系统构建以幼儿园为基本单位、以幼儿保护为工作重点的安全防护体系。这套丛书具有基于综合研究、针对问题需求、汇集实践经验、重点保护儿童等主要特点，对开展相关研究、了解主要困境、解决常见问题、提高幼儿园安全防护水平和幼儿的安全自护能力，都具有重要启发意义和借鉴价值。

第一，基于综合研究。在这套丛书中，《中国幼儿园安全发展报告》是一项具有研究特点的成果，对幼儿园安全政策进行了系统分析；对主要国家幼儿园安全教育的经验进行了比较研究；基于对我国31个省份9060所幼儿园的72812名教师的调查，全面细致地分析了幼儿园安全教育的现状与问题；并在此基础上对我国幼儿园安全体系建设提出了建议。这些基于研究的分析和阐释，对于开展幼儿园安全教育的相关研究，了解现实状况，进行政策和路径分析与前瞻性思考，都有启发意义和借鉴价值。

第二，针对问题需求。基于大数据的分析研究，编写组了解并梳理了幼儿园容易发生的安全事故和教师认为幼儿园需要开展的安全教育活动。丛书包括校园、社会、居家等各个场所的安全教育，涵盖身体安全和心理安全两个层面，包含意外伤害，交通安全，卫生饮食安全，自然灾害防范安全，电器、电子产品安全，运动与游戏安全等诸多方面。也正是针对这些幼儿园常见的问题和幼儿教师的工作需求，编写组对丛书内容进行了设计和梳理，以期保护幼儿的基本安全，满足教师的日常工作需要。

第三，汇集实践经验。多年来，广大幼儿教育工作者本着关爱幼儿、热爱事业的专业理念和工作态度，在幼儿园和班级层面，遵循相关政策法规的要求和职业操守，尽心尽责、大胆实践、勇于探索，积累了丰富、有效、可推广的实践经验。丛书的主编正是基于广泛总结、提炼各地经验的视角，组织了来自全国多个省份的编写者，力图使丛书更广泛地汇集实践经验，也使其具有更广泛的适用性。

第四，重点保护儿童。丛书名为“幼儿安全教育丛书”，顾名思义是立足于幼儿园安全教育，同时凸显了重点保护儿童的核心理念和基本思想。各册的内容不仅涵盖了幼儿园安全管理、安全防护的方方面面，通过理念分析、案例剖析、百问百答等多种方式，兼顾幼儿园教职工各项工作中的安全问题，而且以幼儿安全为核心，兼顾家庭安全防护的常见问题；不仅建构了安全防护的体系和屏障，而且设计了旨在增强幼儿的主体意识、提高幼儿自我防护能力的安全教育活动。我们相信通过幼儿园和家庭的协作，幼儿的自我保护意识和能力会有所增强，幼儿园与教师、家长共同努力构筑的安全防护体系定能发挥联合效应，更好地呵护幼儿的健康成长。

当然，我们还必须时刻清醒地认识到，由于幼儿园安全问题具有复杂性和动态性，幼儿稚嫩脆弱，缺乏自我保护能力，每一位和幼儿接触的工作者特别是与幼儿近距离接触的保教人员，必须牢固树立安全第一的意识，具备保护幼儿的基本知识和基本能力，具有关注情况变化、处理紧急事件的敏锐性和应对措施，承担起“在任何危险情况下优先保护幼儿”的使命和责任。安全无小事，疏忽酿大错！宁可多做一点，也不能粗心大意错过半点。让我们点亮幼儿安全教育的明灯，陪伴幼儿走过童年的幸福人生。

刘占兰

2022 年 3 月

丛书序 PROLOGUE

为幼儿安全保驾护航

儿童的安全、健康成长，事关亿万家庭的幸福、社会的和谐稳定。幼儿园应当是最阳光、最安全的地方之一。党中央、国务院以及各部门高度重视幼儿园安全工作，出台了系列政策文件，对校园安全工作提出明确要求，并采取系列措施保护幼儿园安全。近年来，我国幼儿园整体环境持续好转，各种安全隐患逐年降低，安全风险防控体系逐步健全，幼儿园安全形势总体稳定。但是，由于受各种因素影响，幼儿园安全工作还存在制度不完善、不配套，预防风险、处理事故的机制不健全，意识和能力不强等问题。

为了更好地贯彻落实国家相关文件精神，切实加强幼儿园安全工作，总结幼儿园安全工作的经验，凝练幼儿园安全工作研究新进展，汇集各地幼儿园安全工作的成功案例，探讨幼儿园安全工作的路径方式，完善幼儿园安全风险化解机制，提高幼儿园安全管理工作水平，构建科学系统、全面规范、职责明确的幼儿园安全风险防控体系，切实维护师生人身安全，保障幼儿园平安有序，我们和北京师范大学出版社策划了这套“幼儿安全教育丛书”。

一、丛书背景及价值

在“幼儿安全教育丛书”出版过程中，我们始终坚持“服务决策”“指导实践”“创新理论”三位一体的整体推进思路，希望有助于改进幼儿园安全工作、服务幼儿园安全政策、深化幼儿园安全研究，为幼儿安全保驾护航。

（一）改进幼儿园安全工作

加强和改进幼儿园安全工作是全面贯彻党的教育方针，保障幼儿健康成长、全面发展的前提和基础。近年来，各级党委和政府把维护幼儿园安全作为一项重要任务，相关部门不断强化落实幼儿园安全保卫和监管责任，提升人防、物防、技防能力，建立全覆盖的幼儿园安全风险防控体系。幼儿园把保护幼儿生命安全和健康放在首位，落实园长安全主体责任，健全各项安全管理制度和安全责任制，强化法治教育和安全教育，提高家长安全防范意识和能力，完善安全措施和应急反应机制，使幼儿园安全体制机制不断完善。但是，由于受各种因素影响，幼儿园安全问题仍然时有发生。中国教育科学研究院 2019 年对全国 31 个省份的 9060 所幼儿园的 72812 名幼儿园园长和教师的调查发现，幼儿园容易发生的安全事故包括摔伤（76.5%）、同伴玩耍（76.5%）、传染病（72.5%）、运动安全（69.9%）、烫伤（68.3%）、食物中毒（66.3%）、踩踏（56.7%）、校园伤害（53.2%）、消防安全（51.3%）等。本套丛书的编写有助于引导幼儿园进一步提高对安全工作重要性的认识，牢固树立安全发展理念和生命至上、安全第一的思想，强化安全工作红线意识；有助于幼儿园不断完善安全风险管控机制，严格落实各项管理制度和措施，将安全管理融入日常工作的全过程；有助于指导幼儿园建立健全安全事件应急管理机制，制定安全风险清单，完善、细化各项应急处置预案，落实人员职责，做好安全防范和隐患化解工作，进一步加强和改进幼儿园安全工作。

（二）服务幼儿园安全政策

习近平强调："人民安全是国家安全的宗旨。"① 党中央、国务院出台系列重要政策文件引领幼儿园安全工作方向。《国务院关于当前发展学前教育的若干意见》强调"强化幼儿园安全监管……建立全覆盖的幼儿园安全防护体系"。《国务院办公厅关于加强中小学幼儿园安全风险防控体系建设的意见》强调"加快形成……科学系统、全面规范、职责明确的学校安全风险预防、管控与处置体系"。《中共中央 国务院关于学前教育深化改革规范发展的若干意见》强调"幼儿园必须把保护幼儿生命安全和健康放在首位"，"建立全覆盖的幼儿园安全风险防控体系"。《"十四五"学前教育发展提升行动计划》提出"严格落实幼

---

① 中共中央宣传部：《习近平新时代中国特色社会主义思想学习纲要》，179 页，北京，学习出版社、人民出版社，2019.

儿园安全主体责任和有关部门安全监管责任，建立全覆盖的安全风险防控体系”。这些政策措施的出台进一步明确了幼儿园安全工作的目标，提出了幼儿园安全工作的基本要求，规定了幼儿园安全工作的重点任务，完善了幼儿园安全工作的体制机制。按照党中央、国务院的决策部署，各地围绕幼儿园安全防范、安全管理、安全教育、安全处置、安全督导等方面进行了全方位的探索与实践，涌现出了许多幼儿园安全工作的先进做法、成功经验、典型案例。本套丛书的编写非常注重总结、提炼各地幼儿园安全工作的先进经验，分析、梳理各地幼儿园安全工作的成功做法，汇集挖掘各地幼儿园安全工作的典型案例，以期为幼儿园安全工作提供可资借鉴参考的优秀成果，为制定幼儿园安全相关政策和措施提供客观依据和研究支持。

（三）深化幼儿园安全研究

幼儿园安全问题引起了社会各界人士和家长的高度重视与广泛关注。研究者重点对幼儿园安全制度建设、安全预警防范、安全教育演练、安全管理、安全事故处理、安全督导检查、安全保障等进行了多方面的研究和探索，相关理论日渐丰富，学术水平也不断提高。这些研究进一步丰富了幼儿园安全的相关研究成果，加深了人们对幼儿园安全的认识和了解。2018 年，中国教育科学研究院立项了中央级公益性科研院所基本科研业务费专项资助“幼儿园安全状况及风险防控机制研究（GYC2018001）”课题。在研究过程中，课题组对全国幼儿园安全状况及幼儿园安全教育、幼儿园安全管理等问题进行了较为系统的研究，对我国幼儿园安全工作有了更全面、深入的了解。随着研究的不断推进，我们发现，无论是对幼儿园安全标准、教师安全素养、安全保障机制等政策性问题的研究，还是对幼儿园安全教育、安全管理、安全事故处理等实践性问题，以及幼儿园安全课程建设、安全工作现状等学术性问题的研究都不够丰富，相关研究还难以有效满足服务决策、指导实践的要求。在本套丛书的编写过程中，我们重点对幼儿园安全政策、安全状况、安全管理、安全防护、安全教育等方面进行了全面系统的研究探讨，以期更好地拓宽幼儿园安全的研究领域，形成具有中国特色、中国风格、中国气派的幼儿园安全理论研究成果；更好地发挥幼儿园安全研究的实践引领作用，引导各地区有针对性地改进幼儿园安全工作；更好地提升幼儿园安全研究的服务决策科学化水平，为建立健全幼儿园安全的相关政策提供学术支持和研究依据。

二、丛书主要特点

从书编写过程中力求凸显以下主要特点。

（一）科学性

本套丛书组织我国13个省份的教育科研院所、高校、幼儿园的学前教育教科研人员、高校教师、园长等成立编写组，广泛汇集多方力量，力争做到“梳理政策法规，把握研究进展，聚焦实践问题”。在编写过程中，编写组不仅注重对国内外幼儿园安全相关政策进行系统的梳理分析，积极回应国家对幼儿园安全问题的科学部署和基本要求；而且注重广泛借鉴国内外幼儿园安全相关研究成果，积极吸收国内外优秀研究成果和先进经验；还注重深入分析基于全国31个省份幼儿园园长、教师、家长的实践经验、问题、困惑与诉求，深刻把握新时代幼儿安全实践面临的新问题，并根据新要求新变化提出新方法新策略，以期达到政策分析、理论研究与实践探讨相统一的目的。

（二）全面性

本套丛书以保护儿童安全和健康为出发点和落脚点，从幼儿的生活实际出发，以幼儿的生活经验为背景，以家庭、幼儿园、社会生活中常见的与安全有关的政策、研究及实践问题为主要内容，科学设计供园长、教师、家长等不同群体使用的幼儿安全教育手册。从书内容不仅包括幼儿园安全政策与法律法规解读、中国幼儿园安全发展报告，还有对幼儿园安全管理与防护、安全教育等实践经验的梳理；不仅从幼儿园园长、教师、家长等视角设计、构建了幼儿园安全管理与防护内容体系，而且从幼儿园教育、家庭教育的视角设计了与安全教育工作相关的内容体系，力求多角度全方位构建幼儿园安全工作体系。

（三）实用性

本套丛书围绕幼儿园安全教育和安全防护中存在的突出问题、工作需求、重点任务展开，深入挖掘全国各地区幼儿园安全教育工作中的先进经验、成功做法、典型案例、实用策略等，旨在发现问题、找准需求、分解任务、提供对策，着力解决幼儿园安全工作中的困惑和问题，提供针对性的对策和建议，为幼儿园安全工作提供借鉴和参考，提高园长、教师、家长的安全意识和能力，提高幼儿感知、体悟、躲避危险的能力。

(四）可读性

本套丛书在写作上力求政策解读灵活多样、生动活泼，理论阐述层次分明、通俗易懂，案例分析生动翔实、简洁清晰，注重理论通俗化、经验具体化、案例故事化、策略操作化，以清晰的逻辑、简明的方式直观形象地呈现内容，力争做到行文流畅、思路清晰、图文并茂、可读性强。

感谢刘占兰研究员的悉心指导和专业引领，感谢各分册主编和合作者的认真准备与辛勤付出，感谢姚贵平、罗佩珍、刘晟蓝等的精心策划和细心编辑，感谢中国教育科学研究院领导、同事对幼儿园安全工作的无私帮助和热情支持。正是由于多方的支持和共同努力，本套丛书才能够顺利出版。由于研究时间、精力和水平所限，疏漏在所难免，敬请各位批评指正。

高丙成

2022 年 3 月

前　言　PERFACE

强化安全教育，提高幼儿自我保护能力

促进幼儿健康快乐成长是幼儿园工作的出发点和落脚点，幼儿园必须把保障幼儿生命安全和健康放在首位。幼儿园安全教育是促进幼儿健康快乐成长的重要途径和方法。《中共中央 国务院关于学前教育深化改革规范发展的若干意见》强调："幼儿园必须把保护幼儿生命安全和健康放在首位……强化法治教育和安全教育，提高家长安全防范意识和能力，并通过符合幼儿身心特点的方式提高幼儿感知、体悟、躲避危险和伤害的能力。"《幼儿园工作规程》强调："幼儿园应当把安全教育融入一日生活，并定期组织开展多种形式的安全教育和事故预防演练。"《幼儿园教育指导纲要（试行）》强调："密切结合幼儿的生活进行安全、营养和保健教育，提高幼儿的自我保护意识和能力。"《3—6岁儿童学习与指南》提出"具备基本的安全知识和自我保护能力"的儿童学习与发展目标，并强调要"结合活动内容对幼儿进行安全教育，注重在活动中培养幼儿的自我保护能力"。这些政策为幼儿园开展安全教育指明了方向，提供了根本准则。

本套"幼儿园安全教育活动手册"（以下简称"活动手册"）依据我国学前教育相关政策要求，立足我国学前教育改革发展实践，借鉴国内外相关学术研究成果，由中国教育科学研究院幼儿园安全教育课题组进行前期框架设计，并联合全国12个省份中具有深厚理论素养和丰富实践经验的优秀高校教师、教研员、园长和教师等进行协同合作，联合攻关。

"活动手册"从幼儿的生活实际出发，以幼儿的生活经验为背景，选取幼儿在家庭、幼儿园、社会生活中一些常见、突出的安全问题为教育主题内容，以小、中、大班幼儿年龄发展为主线，设计生动活泼、趣味性强、游戏化的幼儿园安全教育活动方案。活动方案以保障幼儿获得基本学习和良好发展为前提，不仅对安全教育教学活动进行全面系统设计，而且对班级墙饰创设、区域活动环境设计、班级文化建设等提出要求，同时对安全在一日生活中的教育渗透等进行总体规划，着力构建“全方位、立体化”的幼儿园安全教育体系，为幼儿园教师实施全面、生动的幼儿园安全教育教学提供依据和参考，使幼儿能够学习和掌握必要的安全自护常识，提高自护意识和能力。

一、“活动手册”的编写原则

“活动手册”安全单元主要依据以下原则进行确定。一是目标性。安全教育旨在帮助幼儿树立安全自护意识，学习基本的安全自护常识，掌握必要的安全自护技能，具备一定的自救自护的素养和能力，最大限度地预防安全事故的发生和减少安全事件对幼儿造成的伤害，保障幼儿健康快乐成长。二是生活化。安全教育要从幼儿的生活实际出发，以幼儿的生活经验为背景，选取幼儿在家庭、幼儿园和社会生活中可能出现的安全隐患作为活动内容。三是适宜性。安全教育应符合幼儿身心发展的一般规律和特点，既要符合幼儿当前发展的需要，又要符合幼儿未来发展的需要，同时要兼顾不同地区、不同园所类型、不同经济发展水平等方面的差异。根据以上原则，编写组按照每月一个安全教育单元进行设计，结合国内外安全教育相关节日活动的时间与我国幼儿园教育实际，从每年九月到次年八月依次选择了意外伤害，心理健康，消防安全，交通安全，社会安全，居家安全，园所安全，卫生饮食安全，自然灾害防范安全，身体安全，电器、电子产品安全，运动与游戏安全 12 个安全单元，希望通过全面、系统地实施单元活动确保幼儿平安。

安全单元中安全主题的选择主要体现以下原则。一是一致性与递进性相统一。各个安全主题的内容要围绕安全单元，充分体现与主题的一致性和关联性；在同一主题下，不同年龄段的内容有明显的年龄发展特点，体现出随着年龄的增长，内容的广度和深度不断递进。二是整合性与代表性相统一。主题单元活动的内容要与健康、语言、社会、科学、艺术各领域的教育内容相互渗透，促进幼儿知识、智力、情绪情感、行为技能等方面的发展，同时要能够反映安全教育主题的核心目标，使幼儿能够学习和掌握必要的安全自护常识，提高自护意识和能力。三是趣味性和灵活性相统一。教育活动的选择要充分考虑幼儿的兴趣，并来源于幼儿熟悉、贴近生活经验的内容，同时要灵活选择能够通过集体教学活动、游戏活动、生活活动、亲子活动、户外活动等多种方式，支持幼儿通过直接感知、实际操作、亲身体验等方式进行学习的内容。根据以上原则，编写组按照每周一个安全教育活动主题进行设计，每个月包括4个或5个安全教育主题，每个年龄段设计了52个安全教育主题，希望通过连贯、整合地实施主题活动确保幼儿周周安全。

二、“活动手册”的编写结构

“活动手册”分小、中、大班三个年龄段，每个年龄段包括意外伤害，心理健康，消防安全，交通安全，社会安全，居家安全，园所安全，卫生饮食安全，自然灾害防范安全，身体安全，电器、电子产品安全，运动与游戏安全12个安全单元。每个主题单元包括主题单元的背景资料、活动目标、环境创设、教育活动方案、幼儿表现评估等方面。

每个安全单元包括4个或5个安全主题，共52个安全主题。不同年龄段在同一主题下，安全教育活动的广度和深度不断递进，三个年龄段共156个安全教育活动（见附表1）。每个教育活动方案包括活动背景、活动目标、活动准备、活动过程、活动评价、活动延伸等方面的内容。

三、“活动手册”的主要特点

“活动手册”编写过程中力求凸显以下主要特点。

一是科学性。“活动手册”编写过程中十分注重政策分析、理论研究与实践探讨相统一。首先，编写组全面分析了《3—6岁儿童学习与发展指南》《幼儿园教育指导纲要（试行）》《幼儿园工作规程》《国务院办公厅关于加强中小学幼儿园安全风险防控体系建设的意见》《国务院办公厅关于转发教育部中小学公共安全教育指导纲要的通知》等政策法规对安全教育的要求，以更好地把握幼儿园安全教育工作的国家立场和方向；其次，编写组系统查阅和分析了国内外有关幼儿园安全教育的专著、期刊论文、学位论文等，借鉴和参考了相关的课程资源、教学案例、绘本等，以系统把握国内外幼儿园安全教育研究现状和未来发展趋势等；最后，对全国31个省份的9060所幼儿园的72812名幼儿园园长和教师进行问卷调查，深入访谈了100多名幼儿园园长和教师，力争能够更全面深入地了解我国幼儿园安全教育实践中取得的经验成效以及存在的突出问题。

二是系统性。“活动手册”的编写十分注重全面性、专业性和发展性相结合。目前，国内有关幼儿园安全教育活动的图书往往以幼儿园安全教育活动的经验总结或案例分享居多，安全教育主题和内容还不够全面系统，不同年龄段的安全教育活动缺乏连贯性，安全教育活动的代表性也有待提高。“活动手册”编写组联合全国12个省份的高校教师、教研员、园长和教师等组成编写团队，共同学习、领会相关政策要求，借鉴国内外相关研究成果，基于大样本调研数据统计分析以及大范围深度访谈，遵循小、中、大班幼儿年龄发展特点，以促进儿童学习较为全面、系统的安全自救知识，提高自护素养。

三是实用性。“活动手册”的编写着力在操作性、延展性、可读性等方面下功夫。“活动手册”中的安全教育活动从幼儿的生活实际出发，从幼儿在幼儿园、家庭和社会生活中一些常见的、突出的安全问题入手，设计了生动活泼、趣味性强、游戏化的幼儿园安全教育活动方案，支持教师在认一认、想一想、议一议、试一试等各个环节中灵活采用集体教育、小组分享、角色扮演、亲子活动、实地参观、安全演练等多种方式吸引幼儿参与到活动的全过程中，充分调动和发挥幼儿的学习兴趣和能动性，引导幼儿在感知体验、操作实践、探索反思的过程中习得和构建其安全自护知识体系，促进其安全自护意识、自护能力的发展和提升。

“活动手册”每个安全单元不仅设置了背景资料供教师了解安全教育主题单元的意义、价值、内容、方法等，而且从墙饰创设、区域活动、班级文化等方面创设了安全教育主题单元环境供教师进行安全教育环境的布置。每个安全教育活动都提出了本活动在集体、游戏、生活、户外、亲子等方面的延伸活动以及安全常识、安全案例、安全法规等方面的参考资源供教师丰富和拓展与安全教育主题单元相关的知识和资源。一方面有利于教师根据幼儿的特点和兴趣需要灵活选择相关内容素材，另一方面也可以作为儿童学习活动的拓展和延伸。

“活动手册”在编写过程中力争做到语言通俗易懂，行文流畅，简洁清晰，图文并茂，易于阅读。“活动手册”在编写过程中，由各册主编、副主编共同确定安全单元、安全主题和安全教育活动及写作框架与要求等，由幼儿园园长或教师初步撰写安全教育活动方案，编委审阅修改，副主编进行通稿，主编最终审核把关。

“活动手册”是集体智慧的结晶，编写人员来自全国12个省份的高校、科研院所和幼儿园等，由高丙成进行统筹设计，高丙成、孙蔷蔷、陈琴担任分册第一主编，康永祥、吴文艳、李军、冯江英、张海凤、卢筱红、刘敏、秦旭芳、周丛笑、刘琨、程秀兰、伍香平依次担任了意外伤害，心理健康，消防安全，交通安全，社会安全，居家安全，园所安全，卫生饮食安全，自然灾害防范安全，身体安全，电器、电子产品安全，运动与游戏安全12个单元的负责人。感谢团队成员的精诚合作和无私付出，感谢各单位相关专家、领导对“活动手册”的支持和帮助，感谢北京师范大学出版社的策划和出版。正是由于大家的共同努力和多方支持，“活动手册”才能够顺利出版。由于研究时间、精力和水平所限，疏漏在所难免，敬请各位同行批评指正。

高丙成

2022年3月

附表1：幼儿园安全教育活动框架体系

安全单元	安全活动主题	分年龄具体活动		
		小班	中班	大班
意外伤害	1. 认识紧急求救电话	电话号码作用大	我身边的大英雄	我不怕了
	2. 防磕碰	藏起来的角角兽	瓷器店里的大象	热心肠的熊先生
	3. 防烫烧伤	身边的“小生气”	热水瓶的故事	爸妈不在家
	4. 防摔伤	是谁打碎了鸡蛋宝宝	冬天的故事	爱逞能的牛牛
	5. 防溺水	我爱玩水	溺水的橘子狐狸	不会游泳的长颈鹿先生
心理健康	1. 认识自己	我长大了	优点大寻找	扬长补短
	2. 认识管理情绪	笑娃娃、哭娃娃和气娃娃	情绪小主人	我生气了
	3. 面对挫折	我不害怕	我是小小勇士	挫折我不怕
	4. 学会同伴交往	我们一起玩	最好的礼物	合作力量大
	5. 增强亲子交往	妈妈包里的秘密	我爱我家	爸爸爱我
消防安全	1. 认识消防标志	防火知识我知道	防火小卫士	火灾预防指南
	2. 火灾预防	消防标志我认识	生活中的消防标志	消防安全禁止标志我设计
	3. 火灾逃生	遇到火灾我不怕	着火了如何逃生	逃生路线我设计
	4. 消防演习	消防演习我体验	着火了怎么办	消防车进校园
交通安全	1. 认识交通标志	红绿灯眨眼睛	我是小交警	交通标志我知道
	2. 文明小行人	去幼儿园路上	我会过马路	马路上的危险
	3. 乘坐交通工具	我也要搭车	乘车安全我知道	我们一起去郊游
	4. 咬人的电梯	和爸爸妈妈乘电梯	电梯会“咬人”	电梯安全宣传员
社会安全	1. 不跟陌生人走	长耳朵被谁带走了	白雪公主历险记	我不认识你
	2. 危险场所不去要	拥挤的荷叶	危险的踩踏事件	人多的地方我不去
	3. 迷路怎么办	谁的玩具宝宝不见了	迷路有办法	我不会走丢
	4. 反恐防暴小常识	会躲避的小羊	躲避小能手	恶狼来了怎么办

续表

安全单元	安全活动主题	分年龄具体活动		
		小班	中班	大班
居家安全	1. 洗手间的安全	我要拉㞎㞎	洗手间里的小秘密	不在洗手间玩耍
	2. 厨房里的安全	妈妈做饭我不闹	厨房用具我不玩	煤气泄漏别害怕
	3. 工具安全	尖尖的东西要小心	大大小小的工具	我会安全使用工具
	4. 逗弄宠物很危险	和狗狗玩耍的安全	我会和宠物交朋友	逗弄动物很危险
园所安全	1. 生活常规安全	幼儿园里的一天	安全生活	幼儿园生活安全宣传员
	2. 入园离园安全	幼儿园里真好玩	离园不乱跑	小学不一样
	3. 大型活动安全	危险的缝隙	大型活动听指挥	我们的毕业典礼
	4. 教育教学活动安全	小板凳会“咬手”	楼梯安全故事	我和我的好朋友
卫生饮食安全	1. 认识健康食品	小肚皮喜欢的食物	垃圾食品我不吃	包装袋上的秘密
	2. 食物的秘密	会说话的食物	舌尖上的魔法	小小食品质检员
	3. 科学进餐	我会自己吃饭	肚子里有个火车站	食物最佳搭档
	4. 传染病预防	它们能吃吗	让疾病逃跑吧	科学安全进餐
自然灾害防范安全	1. 防台风暴雨	台风暴雨后的小动物	台风来了，暴雨来了	台风暴雨小常识
	2. 防冰雪	雪娃娃与冰娃娃	冰雪好玩要当心	冰雪小达人
	3. 防雷电冰雹	雷电与冰雹	避雷电，躲冰雹	雷电冰雹安全擂台赛
	4. 防洪水泥石流	洪水与泥石流的危害	洪水来了怎么办	泥石流中的自救
	5. 地震来了怎么办	地震逃生演练	地震了怎么办	防震减灾我知道

续表

安全单元	安全活动主题	分年龄具体活动		
		小班	中班	大班
身体安全	1. 保护眼睛	我的亮眼睛	保护我们的大眼睛	预防近视有办法
	2. 保护耳朵、鼻子	鼻子弟弟和耳朵哥哥	鼻子流血我不怕	保护耳朵
	3. 保护牙齿	保护牙齿宝宝	远离龋齿	换牙我不怕
	4. 爱护小手	我有一双小小手	小手洗洗真干净	爱护我的小手
	5. 隐私保护	我的身体别乱碰	我能大胆说“不”	别碰我
电器、电子产品安全	1. 安全使用电器	电器安全我知道	电器功能我了解	家用电器是我的小帮手
	2. 合理使用手机	不迷恋手机	手机朋友要当心	手机隐私与信息安全
	3. 看电视有节制	看电视有节制	遵守约定看电视	合理规划看电视时间
	4. 玩游戏不上瘾	电子游戏危害多	游戏好玩不贪恋	玩游戏不上瘾
运动与游戏安全	1. 运动安全我知道	运动安全我知道	安全进出门	玩水的安全
	2. 运动中的自我保护	个人运动中的自我保护	户外活动安全我知道	运动冒险中的自我保护
	3. 大型器械的安全	大带小游戏“安全玩滑梯”	不听话的秋千	组合器械我会玩
	4. 中小型玩具的安全	自选器械的安全	玩球要注意什么呢	运动安全规则我制订

目　录　CONTENTS

中班意外伤害

一、 主题单元背景资料

面对日常生活中常见的意外伤害危险，中班幼儿已经有了初步的防范意识，对相关危险也有了一定的理性认识。这一时期的幼儿随着自身认知能力和身体运动与协调能力的发展，对过去需要成人提醒的危险情境，逐渐能够自觉意识到，并且在成人的帮助下，掌握了更多的自我防护技能。但这一时期，幼儿的逻辑思维发展依然有限，对于意外伤害产生的原因仍缺乏足够的认识，常常难以做到有效迁移自我防护技能。因此，对于中班幼儿的意外伤害教育，需要继续采用生动、有趣的情境化教学形式，在丰富幼儿有关意外伤害防范的感性经验的同时，进一步启发幼儿思考和总结意外伤害产生的原因，提高危险预判能力，唤起幼儿有关丰富的情感体验，增强幼儿的自我防范意识，提高幼儿的防范技能。

二、 主题单元目标

第一，明白需要拨打紧急电话求救的主要情境。

第二，知道意外伤害形成的主要原因。

第三，在日常生活中懂得自我控制和遵守要求的重要性。

第四，在活动中能注意到可能发生的危险，并知道如何躲避。

第五，知道如何向他人求助。

三、主题单元环境创设

(一)墙饰创设

1. 生活中的危险

从幼儿的日常生活场景，如幼儿园、家中、公园等其他公共场合中，寻找和梳理幼儿可能会接触到的安全隐患，利用手绘简图、照片、家园小报等形式，分组张贴在室内主题墙上，方便幼儿围绕主题内容进行互动、讲述，从而丰富其相关经验。

2. 英雄谱

基于幼儿对生活中存在的各种危险情境的讨论，引发幼儿对各种专业救护人员的关注。在教室墙壁上布置“英雄谱”板块，将各种专业救护人员的卡通形象张贴其中。人物形象下面可匹配相应的求助电话以及专业人员日常主要工作场景。

3. 电话求救我知道

挑选典型的电话求救情境，制作成四宫格连环画，张贴于教室空白区域。教师可以借助相关主题活动，引导幼儿讨论哪些危险情境需要拨打紧急电话求救。

(二)区域活动

1. 语言区

准备《溺水的橘子狐狸》《汤姆走丢了》《别想欺负我》《我不跟你走》等安全教育绘本，也可以向幼儿征集安全绘本，开展共享阅读，让幼儿从阅读绘本的过程中体会生活中可能存在的各种意外伤害，强化幼儿对自我防护重要性的认识，并丰富其有关自我防护的经验。

2. 科学区

准备表面光滑程度不同的面板、陀螺、勺子、积木块等物品，让幼儿在不同面板上尝试旋转物品，感受光滑程度与旋转时间长短的关系；将面板垫高，让不同的物品从上往下滑，让幼儿感受光滑程度、抬高角度与滑行距离的关系；

将相关经验迁移到生活场景中，让幼儿对人们在光滑的表面走动容易摔倒的成因形成认识。

（三）班级文化

1. 了解各种危险情境，感受危急情况给人们带来的影响

中班幼儿对日常生活中所发生的紧急事件已经有了一定的认识，且萌发出想了解事件来龙去脉的愿望。不过总体来看，大部分中班幼儿对各种紧急事件以及相应处理对策的认识，仅停留在表面上，只知道相关事件可能会对自己造成伤害，应该主动避让，但对于如何有效应对仍缺乏系统的认识和思考。对此，在班级活动上，教师应系统梳理和总结常见的紧急事件，并以多种形式将相应的内容渗透到班级活动中，引发幼儿的关注和讨论，逐步加深幼儿对各种需要求助的紧急事件的认识，从根本上增强幼儿的危险防范意识。

2. 强化幼儿对紧急救护专业人员工作的崇敬感，并产生助人的愿望

幼儿很早就对电话号码有一定的认识，但从可能的受助人角度看，需要进一步强化幼儿对紧急救护专业人员工作的崇敬感，这是加深幼儿对紧急事件的认识，正确评估自身行为和使用电话求救的重要前提。在日常班级教学活动中，教师应该借助相关主题教学活动，引导幼儿感受、认识专业救护人员工作的专业性和危险性，激发幼儿产生对专业救护人员的崇敬之情，进而讨论、分析使用紧急求救电话最为合理的时机。

3. 为幼儿自主解决问题提供一定的空间，支持幼儿形成真正的自我防护认识

中班幼儿已经有独立解决问题的能力，但因其相关经验十分有限，所以在思考和解决问题时仍面临很多挑战。教师应该创造条件让幼儿对了解遇到意外伤害时，应如何应对，培养幼儿的自我保护能力。在日常教学过程中，教师可利用幼儿的换位思考能力，以故事、实物操作等多种方式，深化幼儿对意外伤害成因的理解，提高自我防护能力。

四、 主题单元教育活动方案

中班活动 1：我身边的大英雄

(一)活动背景

中班幼儿能够准确地识别一些紧急救助电话，并对所要求助的专业救护人员有一定的了解。但这个阶段的幼儿面临一个关键成长问题，即他们对自身应对危险情境的能力以及对危险情境可能造成的后果缺乏准确的判断，有时会盲目乐观，高估自身的能力而低估紧急情况的危险性，因此需要进一步丰富对危险情境的认识。教师要告知幼儿关于专业救护工作的危险，引导幼儿尊重专业人员的工作，为幼儿后续形成相应的自救和救助他人的能力奠定基础。

(二)活动目标

第一，明白拨打紧急求救电话的情况。

第二，知道拨打紧急求救电话跟救援人员提供哪些信息后会受到专业的帮助。

第三，能感受到消防员、警察等救援人员工作的伟大。

(三)活动准备

消防员、医生、警察的抢险、救护的工作视频片段，生活中的紧急状况以及一些非紧急状况的图片。

(四)活动过程

1. 向幼儿播放发生紧急事件和专业救护人员抢险救护的视频片段

师：小朋友们，视频里发生了什么事？你们在生活中见过这样的事情吗？大家觉得这样的事情危险吗？它会对我们造成什么伤害呢？你们觉得警察、消防员、医生厉害不厉害？为什么？

引导幼儿表达对紧急事件的看法，问问他们佩服专业救护人员的哪些方面。

2. 引导幼儿讨论拨打紧急求救电话的情境

师：小朋友们，在生活中，你们有没有遇到像刚才看到的那种情况？如果哪天遇到了，你们会怎么办?

引导幼儿得出拨打紧急求救电话的结论后，继续与幼儿交流。

师：除了刚才我们看到的那种危险，你们觉得遇到哪些困难和危险也需要找警察或者消防员，或者叫救护车呢? 打通电话后，我们该怎么跟他们说呢?

引导幼儿说说，哪些情况可以拨打紧急求救电话，哪些只要打给父母就可以。待幼儿说完后，向幼儿展示生活中的一些情况，让幼儿尝试分辨哪些属于需要求救的情况。

3. 引导幼儿感受专业救护人员工作的专业性，激发他们的崇敬感

教师向幼儿展示消防员、警察、医生等专业救护人员的训练视频。引导幼儿讨论医生、消防员、警察等专业救护人员具有什么样的能力，这些能力能帮助我们解决什么问题。

向幼儿讲解专业救护人员的工作内容，结合视频，引导幼儿感受专业救护人员的辛苦、专业和伟大。

（五）活动评价

幼儿能说出一种以上需要求助专业救护人员的情况的基本特征；知道父母的电话号码及紧急求救号码；能说出专业救护人员所具备的能力。

（六）活动延伸

观看专业救护人员日常的训练和演习视频，感受专业人员的专业技能。

学唱儿歌《小小消防员》，体会消防员工作的艰辛与责任。

（七）参考资源

安全常识要牢记

外出踏青要注意，点火野炊不可以；
不玩火柴打火机，明火着了要远离；
电器设备不乱动，出门电源要关闭；
火警电话 119 ，安全常识要牢记。

中班活动 2：瓷器店里的大象

（一）活动背景

相对于小班幼儿来说，中班幼儿的肢体控制能力有了很大的提高，但对动

作的精确控制仍显不足，在生活中幼儿常会因为动作幅度过大、意识上以自我为中心而注意不到身边潜在的危险，发生磕碰伤。考虑到中班幼儿开始摆脱自我中心阶段，在乎并关注他人感受的愿望也在萌发，同时对生活中容易造成磕碰伤的主要情境也有了一定的了解，此时应进一步强化幼儿对有关自身行为与周边环境关系的认识，在此基础上有针对性地对幼儿控制自身动作行为的能力进行培养，进而巩固幼儿已有的自我防护能力。

(二)活动目标

第一，知道在公共场合要注意观察周围情况，控制自己的行为。

第二，在活动时能注意到可能发生的磕碰危险，主动躲避。

第三，面对难以克服的磕碰危险，知道向他人求助。

(三)活动准备

大象卡通头饰、空易拉罐、细绳、《瓷器店里的大象》视频短片或PPT故事。

(四)活动过程

1. 向幼儿展示《瓷器店里的大象》视频短片或PPT故事

师：小朋友们，今天我们一起来看一个有趣的故事，故事的名字是“瓷器店里的大象”。一只大象闯进了放满好看的瓷器的店里，大家看看会发生什么。

教师着重引导幼儿认真观看故事，故事结束后讨论：中间发生了什么危险的事情？如果这些危险发生了会造成什么样的后果？故事的最后，大家是怎么解决危险的？生活中我们是不是也会发生撞倒东西的情况？这会带来什么后果？

2. 布置具有一定挑战难度的游戏情境

教师用课桌或椅子布置间距紧凑、路线曲折、具有一定挑战性的通道，并在通道旁的椅子边上叠放空易拉罐，其中要设置一处幼儿难以通过、需要他人帮忙的障碍。让幼儿戴上大象头饰，搬一把小椅子(也可以抱着诸如瑜伽球等物品)扮演身材臃肿的大象，在不碰倒易拉罐的情况下通过障碍，其间可以向老师或者同伴求助一次。

鼓励幼儿在穿过通道时，仔细观察身边情况，控制自身肢体动作并完成游戏；游戏完成后让幼儿总结经验，并给予鼓励。

小结：我们在生活中也要多注意观察周围的环境，及时发现环境中的危险，控制好自己的身体避开这些危险，如果自己没办法处理这些情况，要向大人求助，保护好自己。

（五）活动评价

幼儿能够耐心、主动地坚持完成挑战；碰倒易拉罐后能够总结经验，调整策略；向他人求助时，能清楚说出自己的需求；能在活动后描述自己的感受，并总结一些日常生活中避免磕碰的简单方法。

（六）活动延伸

1. 顶罐游戏

让幼儿用头顶将易拉罐运到指定位置，锻炼幼儿的平衡性和肢体控制能力。

2. 罐子射门

幼儿通过单脚跳的方式，将罐子踢进指定范围内，锻炼幼儿的下肢协调能力和身体平衡能力。

中班活动 3：热水瓶的故事

（一）活动背景

中班幼儿不仅掌握了一些简单的生活技能，而且开始模仿成人参与家庭事务。利用幼儿的这一发展倾向，可以有效促进幼儿自主能力的发展。但由于幼儿肢体的协调能力、动作力量以及精细动作的发育都还不够成熟，幼儿的自主学习和探究可能会给自身和他人造成伤害，如自行接热水等。对此，应该充分考虑幼儿这一时期的发展需求，鼓励幼儿学习新技能，并且对幼儿的自主行为给予耐心的指导和干预，在成人密切的关注下让幼儿了解热水、灶火、热油等可能会对人体造成的伤害，帮助幼儿分析容易造成烧伤、烫伤的情境，引导幼儿总结避免相关风险的方法和策略。

（二）活动目标

第一，明白造成烧伤、烫伤的原因。

第二，能够判断主要的烧伤、烫伤危险。

第三，面对可能的烧伤、烫伤危险，知道主动躲避。

第四，必要时知道向成人求助。

(三)活动准备

热水瓶、茶壶、玻璃杯、保温杯、防烫手套、厨房烹饪场景视频、成年人在厨房工作的场景图。

(四)活动过程

1. 展示成年人在厨房劳作的场景视频

师：小朋友们，你们家都是谁做饭呢？

引导幼儿回忆和描述父母提供早餐、午餐等的情景，体会父母家务工作的辛苦。

师：爸爸妈妈白天上班很辛苦，回到家后还要做各种家务，你们有没有帮爸爸妈妈做什么呢？

让幼儿表达自己做过的家务，并思考为什么有些事情不能做，有些事情可以做。

2. 讨论避免烫伤的方法

师：有些东西可能会烫伤我们，如果想要喝水或给爸爸妈妈倒水，应该怎么做？

小结：碰到这些东西要避开，或者请大人帮忙，可以寻找其他的方法来感谢爸爸妈妈。

3. 展示厨房烹饪场景视频

师：大家想一想，在厨房里还有哪些东西我们不能碰呢？

教师播放视频，让幼儿指出刀具、热油、灶火可能造成的危险，讨论日常生活中该注意什么。

(五)活动评价

通过本次活动，幼儿能够清楚地描述家长厨房劳作的过程，并能表达对家长的感激之情；能注意到并指出厨房中存在的主要危险物品和危险情境，并说出可能会造成的危险后果。

(六)活动延伸

观看《厨房安全歌》，强化幼儿对意外伤害危险的认识。

中班活动 4：冬天的故事

（一）活动背景

这一时期的幼儿自我反思的能力比较有限，对造成摔伤的原因了解不够，自觉防范摔伤的经验和意识不足，很容易在自由活动时忽视周围环境中存在的危险情况，导致摔倒摔伤。冬季路面结冰或雨天地面湿滑容易造成滑倒摔伤。本活动以此为探讨和学习的切入点，针对中班幼儿认知能力和动作能力都在发展的现状，帮助幼儿梳理易滑倒摔伤的情境和成因，增强幼儿对摔伤问题的重视程度。

（二）活动目标

第一，明白摔伤的原因。

第二，能判断可能摔伤的危险情况。

第三，能总结出避免摔伤的经验。

第四，能够提醒他人注意摔伤。

（三）活动准备

玻璃台面或光滑的瓷砖面、冰块、水、色拉油、坚硬平整的积木、人滑倒的视频片段。

（四）活动过程

1. 引入话题

师：小朋友们，大家喜欢冬天或下雨天吗？冬天会下雪，路上还会结冰。雨天路上会很滑。你们有没有在路上滑倒过呢？

引出滑倒的事情后，教师播放人滑倒的视频片段，让幼儿观察和描述看到的情况，猜想滑倒人的感受。

2. 启发幼儿思考滑倒的原因

师：刚才小朋友们看到了，很多人会因为在路面上站不稳而滑倒，大家也摔过跤，都知道摔跤后很疼。那为什么我们站在冰上或湿的地面上就容易滑倒、摔跤呢？

引导幼儿总结滑倒的原因，比如，因为路面有水，人们容易滑倒，然后引出下一个探索活动。

3. 和幼儿共同做滑行实验，探索防滑措施

幼儿分组实验。教师在坚硬、光滑的台面上布置不同的湿滑情境，用一块坚硬平整的积木充当人。

师：小朋友们，我们一起来做一个小游戏，看看人为什么会滑倒。

教师先让幼儿在正常状态的台面上推动积木，看看积木是否容易滑动，然后尝试在放置了冰块、水和油的台面上推动积木，让幼儿比较不同场景下积木滑动的情况，分析积木滑动的原因。如条件允许，可将台面略微倾斜，这样更容易观察积木滑动的情况。

师：小朋友们，通过实验，你们发现了在什么情况下人更容易滑倒呢？那如果我们也站在有冰、水或油的地方，是不是也容易滑倒呢？大家觉得以后我们碰到路面上有冰、地板上有水或油的情况，该怎么办呢？

小结：站在有冰、水或油的地方，或者倾斜的坡上特别容易滑倒。所以我们要尽量避开这些地方，如果避不开就要格外小心，如注意观察地面的情况，在有水、有冰、有油渍的地方要缓慢、稳步通过。

要选择防滑耐磨的鞋子；关注公共场合的告示牌，如“小心地滑”的告示牌等。

4. 制作防滑安全告示牌，提醒大家注意防滑

师：小朋友们想一想，我们的教室或家里有哪些地方也容易让我们滑倒？我们一起来制作安全告示牌，提醒大家注意安全。

（五）活动评价

通过活动，幼儿说出一些防滑经验；能描述出积木在不同表面上滑动的差别，并尝试给出原因；能举例说出几种防滑的方法。

（六）活动延伸

将日常生活中提醒人们防滑防摔的标识打印成照片，张贴在班级主题墙上，供幼儿观察比较。

在一日生活中的“洗漱”“如厕”环节，制作防滑告示牌摆放在相应位置，提醒幼儿注意秩序、防滑防摔。

（七）参考资源

防滑歌

小脚丫，啪嗒嗒，走得稳，要靠它；
下雪天，冷风刮，慢慢走，不打滑；
雨水天，哗啦啦，脚一滑，成泥巴；
看脚下，不推拉，保安全，回到家。

中班活动 5：溺水的橘子狐狸

（一）活动背景

中班幼儿已经知道溺水的危险，但对溺水的原因认识不足，在日常玩水过程中缺乏安全意识。基于中班幼儿具有一定的反思能力，可以从他人或自身的经历中总结出经验，教师可以通过生动的故事案例引发幼儿对溺水问题进行思考，并结合幼儿自身实际情况，引导幼儿总结出相应的自我防护经验，懂得防护与求救的基本方法。

（二）活动目标

第一，了解溺水的原因。

第二，认识预防溺水的标识。

第三，知道溺水后的求救方式。

（三）活动准备

夏天幼儿在不同场景戏水的视频和图片、《溺水的橘子狐狸》PPT 课件、禁止游泳和防止溺水或落水的标识。

（四）活动过程

1. 教师引出戏水的话题，结合戏水视频，激发幼儿的讨论兴趣

师：小朋友们，夏天到了。天气很热的时候，你们会去玩水吗？一般会在哪里玩水呢？会怎样玩水呢？

待幼儿关于玩水的讨论兴趣被激发起来后，教师让幼儿思考，玩水时要注意什么。

师：有很多小朋友都玩过水，有的小朋友还去野外玩过水。大家觉得玩水很有趣，可是如果不注意一些问题，就会出现危险。今天我们就给大家讲一讲一只狐狸玩水的故事，看看它玩水的时候遇到了什么问题。

2. 共同观看课件，知道玩水存在的安全隐患

师：看完橘子狐狸的故事，大家想一想，狐狸为什么会掉到水里？它是怎么掉到水里的呢？掉到水里以后它感觉怎么样？后来是谁把它救上来的呢？小狐狸后来怎么想的，又是怎么做的？

通过提问，引发幼儿对狐狸溺水原因和后果的思考。

3. 认识常见的防止溺水标志

配合视频呈现常见的防止溺水标识，引导幼儿说出遇到相似标识后该如何做。

（五）活动评价

幼儿能够描述出自己戏水的经验，说出自己知道的一些注意事项；幼儿能够从故事中总结防溺水的经验，知道在类似的情境中该怎么做。

（六）活动延伸

在图书区投放有关“溺水”预防安全类绘本，如《弯弯弯的水——儿童防溺水家长伴读拉拉书》《小鬼当家——小心溺水和窒息》等，拓展幼儿的防溺水知识。

插播《防溺水》宣传动画，强化幼儿的防溺水意识。

（七）参考资源

游振．溺水的橘子狐狸．北京：金盾出版社，2016.

五、 主题单元幼儿表现评估

主题__________

班级__________ 幼儿姓名__________ 教师姓名__________

评价者__________ 日期__________

评估准则：完全掌握或做到为 4 分；有时掌握或做到为 3 分；初步掌握或做到为 2 分；暂未掌握或做到为 1 分。

学习目标	具体表现	1分	2分	3分	4分
1. 了解拨打紧急求救电话的主要情境					
2. 知道意外伤害形成的原因					
3. 在日常生活中懂得自我控制和遵守要求的重要性					
4. 在活动中能注意到可能发生的危险，并知道如何躲避					
5. 知道如何向他人正确求助					

中班心理健康

一、主题单元背景资料

经过一年的小班生活，中班幼儿已经习惯了幼儿园的生活制度，并且随着认知能力的提高和情绪体验的积累，自我意识逐渐增强，个性得到初步发展。不过中班幼儿合作（共享）意识不强，情绪、情感的发展具有不稳定、不易控制等特点。中班是幼儿心理健康教育的关键期，可塑性强，心理极不成熟，自我控制水平低，且极易受环境等因素的影响，因此在这一阶段，加强对幼儿实施心理健康教育，维护和促进幼儿心理健康是非常必要的。

本单元将围绕中班幼儿在自我认识、情绪情感、同伴交往和亲子关系等方面的问题，借助故事、游戏、视频等形式，激发幼儿表达自我，满足幼儿的心理安全需求。另外通过一日生活环节，并在与环境、区域和周边人的互动中使幼儿形成积极乐观的心理品质，从而使幼儿的心理行为符合其年龄阶段。

二、主题单元目标

第一，能正确评价自己，知道自己的优点和缺点，增强自我意识。

第二，正确识别情绪，寻找并发现生活中的快乐，尝试用动作、语言来表达，做健康、快乐的自己。

第三，在多种活动中感受勇敢。在遇到困难时敢于尝试各种方法来解决困难，体验克服困难后的成功感。

第四，有结交同伴的意识，探索同伴间友好交往的方法。

第五，对家庭成员角色有认知并感受家人对自己的关爱，能用自己的方式表达对家人的爱，有家庭归属感。

三、 主题单元环境创设

（一）墙饰创设

根据本主题的目标与内容，结合中班幼儿的思维特点、喜欢动手操作的特点，创设有助于幼儿心理健康发展的互动墙饰。

1. 能干的我

师幼一起记录幼儿身体和心理上的成长。幼儿可以量身高做记录，感知成长，也可以记录自己的本领和特长，丰富对自己的认识和评价，并且与同伴进行交往。

2. 朋友树或交友屋

每个幼儿都有自己的自画像，走出自我，和其他小朋友积极互动，墙面上有师幼一起讨论记录下的交友大宝典——各种友好交往的方法。

3. 心理涂鸦墙

一面适合幼儿身高的涂鸦墙，一套丰富的涂鸦绘画材料(颜料、油画棒、喷壶、排笔等)，让幼儿尽情地涂鸦，也可以拓展成心理签到墙。

4. 全家福

这里有幼儿的全家福照片和幼儿表征的全家福墙面，幼儿可以向同伴、老师介绍自己的家庭成员并讲述温暖的故事。幼儿随时都能在小便签上画下自己对家的感受并添上去。再加一幅集合幼儿自画像和老师自画像的班级全家福，周边记录下温馨、有趣的班级大家庭故事。

(二)区域活动

1. 角色扮演区

投放家庭成员物品，供幼儿进行家庭角色游戏。

2. 阅读区和表演区

投放《独一无二的你》《我喜欢自己》《凯能行!》《快乐是什么》《各种各样的

家：家庭超级大书》《好朋友》等绘本，供幼儿阅读、表演。

3. 益智区

投放各种难度的挑战卡，让幼儿尝试挑战不同难度的探究和游戏，在解决问题和挑战中建立自信。

4. 心情屋

创设班级心情屋，投放抱枕、靠垫、涂鸦工具、表情图片、轻柔音乐、沙袋等各种材料，供幼儿在这里放松、发泄心情。

(三)班级文化

1. 启发幼儿关注自我，建立自信

在班级中为幼儿提供充足的情感环境，令幼儿关注自我、识别情绪，比如设置情绪城堡——鼓励幼儿将不开心的事，大声喊出来或者画下来揉成团扔进情绪魔堡；心情角——幼儿可以借助表情娃娃来识别情绪，借助布偶、玩具电话、涂鸦等来宣泄负面情绪等。让幼儿成为班级的主人，设置班级环境，使幼儿可以在任一区域表达自己，可以在表演区自信表演、美术区尽情创作等，班级中都是幼儿作品的展示。通过以上活动使幼儿试着识别和表达自己的情绪，并逐渐建立自信。

2. 启发幼儿关注同伴，学会友好交往

中班幼儿自我意识在不断增强，这时候营造良好的班级交往氛围、为幼儿提供各种友好交往的方法尤为重要。在情感环境上，我们可以提供和平区——让小帐篷里发生冲突的孩子在这里商量解决方法，直到达成一致，握手言和，并且将各种解决的方法画下来以丰富交往墙；悄悄话屋——给幼儿私密交流的游戏空间，在小屋里有着各种不同情绪的表情卡，幼儿可以选一选、说一说自己的心情，并把它悄悄说给好朋友听。

3. 随机教育，多方合作，营造宽松的心理氛围

班级的一日生活环节宜进行幼儿心理健康教育。教师在关爱幼儿的同时要有意识地进行随机教育，在潜移默化中助推幼儿获得情绪稳定、积极向上、友好相处的心理品质。家园加强沟通，多关注幼儿的成长，及时给予鼓励和引导，共同营造宽松、友善的心理环境，促进幼儿健康快乐成长。

四、 主题单元教育活动方案

中班活动 1：优点大寻找

（一）活动背景

在幼儿自我发展过程中，关键经验主要包括自我中心、自尊、自信等，其中自信指个人信任自己，对自己所知和所能具有信心。中班幼儿对自我的认知多数是积极的，本活动以讲故事方式让幼儿了解每个人都有自己的优点，继而通过介绍自己的优点、帮同伴找优点的互动形式来学习如何正确评价自己和他人，从而建立自信。

（二）活动目标

第一，正确评价自己，增加自信心。

第二，在分享中认识到每个人都有自己的优点。

（三）活动准备

每人一朵小花、表示优点的贴纸若干、PPT 课件。

（四）活动过程

1. 说优点——PPT 依次出示小鸟、小鹿、小猴

师：看，谁来了？小朋友们喜欢它们吗？小动物们也要向小朋友们介绍一下自己的优点呢！

小结：让幼儿了解优点指自己的长处，也就是做得好的地方。

2. 幼儿听故事，尝试帮河马找优点

师：呜呜呜，听，谁在哭啊？（河马）原来小动物们参加了“优点大赛”。小鸟得奖了，很开心，可是河马在各项比赛中都输了，心里感到很难过。河马伤心地说了什么？那你觉得它有优点吗？河马的优点是什么？

小结：真棒，我们每个动物都有优点。

3. 找优点并向同伴介绍自己的优点

师：你的优点是什么呢？谁来说说？

师：老师给每个小朋友准备了一朵优点小花，请你们向旁边的小朋友讲讲自己的优点，说出一个优点，旁边的小朋友就会在你的小花上贴一颗五角星。一个小朋友说完了，再交换另一个小朋友说。

师：真棒，我们每个小朋友都有优点。

4. 帮小伙伴找优点

师：刚才呀，我们小朋友都找出了自己的优点。可是有一个小朋友只找到了一个优点，那他还有没有其他的优点呢？我们一起来帮他找优点吧！

师：其实每个人都会有很多优点哦，就是有时候我们没有发现，需要用明亮的眼睛好好地找一找。

师：今天我们帮小河马找到了优点，也帮自己找到了优点，还帮小朋友找到了很多优点，我们都很棒。

（五）活动评价

通过活动，幼儿能够说出自己的优点，并可以向同伴说出自己的优点；在帮助同伴找优点的互动中，能够进一步正确评价同伴或者帮同伴正确评价自己，从而建立自信。

（六）活动延伸

在一日生活中设置值日生，幼儿在自我服务和服务他人的过程中感知自己的才能，进一步建立自信。

在阅读区提供相关绘本，如《独一无二的你》《我喜欢自己》《凯能行！》等，幼儿可通过阅读加强自我认识、建立自信。

亲子阅读环节让家长与幼儿阅读有关自信的绘本，鼓励家长与幼儿进行良好的亲子互动，相互发现优点。

（七）参考资源

[美]琳达・克兰兹．独一无二的你．薛亚男，译．北京：北京科学技术出版社，2013.

[美]南希・卡尔森．我喜欢自己．余治莹，译．石家庄：河北教育出版社，2011.

[德]埃蒂特·施莱本-维克(文)，[德]卡罗拉·霍兰德(图). 凯能行！. 王晓翠，译. 武汉：长江少年儿童出版社，2018.

中班活动 2：情绪小主人

（一）活动背景

情绪是个体表达自己生理状态和心理感受的重要途径。中班是幼儿园阶段的“叛逆期”，这个年龄段的幼儿会呈现更多的情绪：快乐、生气、难过、害怕、勇敢……在这样特殊的阶段去帮助幼儿了解、认同自己的各种情绪并尝试做自己情绪的小主人，这会促进他们的成长。本活动旨在借助绘本《我为什么快乐》让幼儿了解情绪是什么，如什么让我笑，什么让我哭，什么让我开心，什么让我害怕、难过、害羞或生气。《我为什么快乐》用简单可爱的韵文和明亮柔和的水彩画呈现出幼儿不同的情绪。

（二）活动目标

第一，通过绘本了解每个人都有情绪，能辨认几种基本情绪。

第二，接纳自己的情绪并尝试做情绪的小主人。

（三）活动准备

绘本《我为什么快乐》PPT、“情绪小主人”记录卡。

（四）活动过程

1. 观察封面，激发兴趣

师：封面上的小朋友，他的情绪怎么样？你是怎么知道的？

师：是的，当我们高兴、快乐时，脸上自然会流露出微笑。

师：除了快乐、开心，我们还会有什么情绪呢？让我们一起来看看吧。

2. 师幼共读，感知讨论

师：你在书里看到了什么？

师：什么事情会让书里的小朋友感到快乐、害怕、兴奋、害羞、生气呢？

小结：原来我们会有高兴、悲伤、害怕、害羞、生气等各种各样的情绪，不同的事情会让我们的心情大不同。

3. 记录交流，体验内化

师：你们会有什么不一样的心情？都是因为什么事情呢？请小朋友在“情绪小主人”记录卡上记录反映自己各种情绪的事情来分享。

师：原来小朋友在做不同事情的时候会有快乐、难过、生气、害怕等各种不同的情绪。有这些情绪是很正常的，老师也会有不同的情绪。

4. 谈话提升，做情绪小主人

师：有情绪的时候我们可以怎样表达呢？

小结：每个人都有喜怒哀愁，但表现的形式会不一样，有些人会用语言表达，有些人会用动作表达，有些人可能会用表情表达。希望小朋友能做自己心情的小主人，体验更多好情绪，积极面对坏情绪。

（五）活动评价

通过绘本《我为什么快乐》使幼儿与绘本中的小朋友产生情感共鸣，了解人遇到不同的事情会产生不同的情绪。活动中，关注幼儿的情绪能否随着绘本的内容起伏，表述的内容是不是符合情境，能否通过动作、语言等形式表达各种情绪。

（六）活动延伸

一日生活中，教师通过谈话、个别交流等形式多引导幼儿发现自己的情绪，也鼓励幼儿通过肢体动作、绘画表征等多种形式表达情绪，与更多的人分享并传递快乐。

在阅读区或心理角投放有关不同情绪的绘本，如《我好快乐》《我的情绪管理图画书》，自制表现不同情绪的绘本。

建议家长多和幼儿交流互动，良好的亲子交流也是一种快乐。一家人可以相约一起制造、寻找和分享快乐，如亲子游戏、亲子出游、亲子阅读。

（七）参考资源

《幼儿园课程指导》编写委员会．幼儿园课程指导教师资料手册(音乐)．北京，新时代出版社，2003.

[新西兰]特蕾茜·莫洛尼．我好快乐．萧萍，译．广州：广州出版社，2009.

[新西兰]特蕾茜·莫洛尼．我的情续管理图画书．程玮，译．南京：南京大学出版社，2019.

中班活动3：我是小小勇士

（一）活动背景

幼儿会在游戏、学习和生活中遇到困难和挫折，并因此感到沮丧。中班幼儿对事物的认识是具体形象的，在幼儿面对困难时，我们应该让幼儿直观地了解事物发展的过程，真实感知挫折，努力解决困难，体验解决问题的成功感。

（二）活动目标

第一，通过情境再现，知道“碰到困难时鼓起勇气试一试”带来的可能性。

第二，在游戏体验中，尝试遇到困难时鼓足勇气试一试，体验克服困难后的成功感。

（三）活动准备

面对挫折的情境视频，平衡木、障碍物等器械，小勇士勋章若干。

（四）活动过程

1. 谈话引题，激发兴趣

师：小朋友，你们最近遇到过困难吗？有什么感受？你是怎么做的？

小结：看来在生活中，我们的小朋友也会遇到很多困难。不过没关系，再多的困难都会有解决的办法。今天老师带来了一个视频，我们来看一看，视频里的小朋友经历了什么。

2. 观看视频，分析变化

师幼共同观看视频前段，体验视频中主人公的内心感受。

师：视频里的小朋友在攀爬空中长廊时发生了什么？她害怕吗？你遇到过这样的事情吗？你是怎么做的？

小结：原来我们每个人都会遇到让自己害怕的事情，那你想对视频里的小朋友说些什么？

师幼共同观看视频后段，感受鼓起勇气试一试的魔力。

师：老师和小伙伴跟她分享了战胜困难的魔法，她鼓励自己试一试，鼓起勇气继续往前爬。她爬呀爬呀，最后获得了成功，露出了开心的笑容。

小结：遇到困难，感到害怕的时候，要勇敢地去试一试，只有试了之后才有可能成功，才能变成小勇士。

3. 游戏体验，争当勇士

师：小朋友，你们觉得自己是小勇士吗？有没有什么勇敢的事情能跟大家分享一下？

师：你们走过有障碍物的独木桥吗？愿不愿意试一试，争当小勇士？

师：走有障碍物的独木桥有什么感受？害怕吗？最后成功了吗？是怎样成功的？

小结：很多小朋友都成功了。有些小朋友在小伙伴的鼓励下，鼓起勇气试一试，最后也获得了成功。我们都是小勇士，老师要为大家颁发小勇士勋章，希望小朋友继续做能战胜困难的小勇士。

（五）活动评价

本次活动通过调动幼儿面对困难的情绪，和视频里主人公面对困难时的情感共鸣，继而在视频中见证“鼓起勇气试一试”的魔力。在活动中设置真实的游戏体验，让幼儿在真实的情境中感受困难并用“鼓起勇气试一试”的魔力语战胜困难，从而获得解决问题的成功感。活动中注意观察幼儿在表述遇到困难时，是否有沮丧、退缩的表现，并且观察幼儿在真实的游戏体验中所表现的积极情绪。

（六）活动延伸

一日生活中鼓励幼儿通过“鼓起勇气试一试”的活动来激励自己直面困难并勇敢尝试。

在各个区域都可以设置挑战板块，让幼儿在一次次的挑战中建立信心和勇气。

师幼一起在班里设置心理角，共同梳理各种困难并讨论解决的办法，成立一个勇气加油站。

指导家长通过榜样示范法、共情体验法和鼓励法，帮助幼儿直面困难和挫折，同时创设更多让幼儿自己动手的机会。

（七）参考资源

[澳]谢恩·McG. 没有做不到的事．林昕，译．武汉：湖北美术出版社，2010.

[法]让罗姆·瑞利亚．我也可以飞．麦小燕，译．武汉：湖北美术出版社，2007.

[荷]马克斯·维尔修恩．弗洛格找宝藏．彭懿，杨玲玲，译．长沙：湖南少年儿童出版社，2015.

中班活动 4：最好的礼物

（一）活动背景

中班幼儿已经有一定的交往经验，但是缺乏如何友好交往的方法。我们设计了本次活动，旨在通过观看情境表演理解同伴交往中幼儿“霸道”的做法，继而探索同伴友好交往的方法，令幼儿收获珍贵的友谊。

（二）活动目标

第一，明白什么是同伴交往中“霸道”的做法，体验到“交往霸道”会导致同伴不开心、自己被孤立。

第二，探索同伴间友好交往的方法。

（三）活动准备

动物胸饰若干、录音机、磁带、分区贴纸。

（四）活动过程

1. 扮演游戏，导入活动

小朋友戴上胸饰扮演小动物，伴随着音乐声进入森林，召开森林音乐会。

2. 观看表演，表达见解

观看情境表演第一组：小动物们正准备上台表演节目，这时小熊大摇大摆地从自己家里出来，指着小动物们霸道地说：“你们给我听着，下周一是我小熊的生日，你们要把最好的礼物送过来。如果不送，当心我揍你们！”

师：听了小熊的话，你们心里是怎么想的？你们打算怎么办？

幼儿相互讨论，然后选择分区入座(送、不送)。

观看情境表演第二组：小熊穿着漂亮的新衣服边唱歌边从家里出来："哈哈！今天是我的生日，哎！怎么没有小动物到我家来呢？哼，礼物也不送给我。咦，这里有礼物。脏玩具、烂苹果，这么糟糕的礼物送给我，气死我了。"小熊生气地瘫坐在椅子上。

师：小熊的生日为什么过得不开心？你想对小熊说些什么？

小结：小熊不开心是因为太霸道了，这样就会失去朋友，所以我们不能学小熊。

3. 迁移经验，帮助小熊

师：小熊觉得大家的话都很有道理，可是小熊还是很苦恼，因为妈妈经常告诉他，在幼儿园里可以和家里一样，想干什么就干什么，不要怕别的小动物，可以欺负他们。那大家再给小熊出出主意，他该怎么办呢？

小结：只有和小朋友友好相处，互帮互助，不乱发脾气，才能交到更多的朋友。

（五）活动评价

直观真实的情境表演，可以让幼儿明白什么是"霸道"并感知"霸道"带来的消极情绪。活动赋予幼儿帮助者的角色，通过迁移帮助小熊找到重新获得友情的方法，充分调动幼儿探索与同伴友好交往的方法。活动中关注幼儿能否明白什么是"霸道"，能否充分调动已有经验，大胆表述同伴友好交往的方法。

（六）活动延伸

教师可以让幼儿以画一画的形式梳理友好交往的方法，并在日常生活中进行验证。

在班级里开展"我最喜欢的同伴"活动，让幼儿努力改变缺点，争做大家喜欢的小朋友。

建议家长为幼儿创造与同伴交往的机会。

（七）参考资源

[德]赫姆·海恩．好朋友．王真心，译．济南：明天出版社，2010.

[英]海伦·库柏．胡椒南瓜汤．柯倩华，译．济南：明天出版社，2014.

[美]艾诺·桑卡德(文)，艾瑞·卡尔(图)．小羊和蝴蝶．蒋家语，译．济

南：明天出版社，2010.

[美]李欧·李奥尼．西奥多和会说话的蘑菇．阿甲，译．海口：南海出版社，2011.

中班活动5：我爱我家

（一）活动背景

家给人重要的归属感。对于中班幼儿来说，在知道自己是家庭中重要一员的基础上，了解家人的重要性，有助于幼儿感受到家庭的温暖。本次活动主要通过介绍家庭成员、爱的故事分享令幼儿感受家人的关爱，使幼儿努力用自己的方式回馈家人的爱，形成温馨的家庭氛围。

（二）活动目标

第一，借助各种方式介绍家庭成员并分享爱的故事，深切感受家的温暖。

第二，尝试用自己的方式表达对家人的爱。

（三）活动准备

亲子一起准备介绍家庭成员和爱的故事（可以是PPT、亲子绘画、小视频等），《我有一个家》的音乐，全家福照片。

（四）活动过程

1. 绘本引题，介绍家人

师：今天，老师带来的绘本叫“甜蜜的一家”，讲的是小熊满满一家人的故事。我们一起来看看吧。

师：小熊满满这一家真是太甜蜜了。我们每个小朋友都有自己的家，那你家里都有谁？他们都有什么特别的地方呢？

（幼儿借助各种方式介绍自己的家人）

小结：大家都用自己的方式介绍了自己的家人，有爸爸、妈妈、宝贝、爷爷、奶奶，有的小朋友还介绍了家人的本领和工作，看得出我们的小朋友都非常爱自己的家人。

2. 爱的故事分享

（滚动播放全家福照片，引发幼儿分享家庭中爱的故事）

师：在小朋友带来的全家福照片中，我们感受到满满的爱。相信你和亲爱的家人一定发生过很多充满爱的故事，大家一起来说一说。

小结：真的太感动了，每个家庭都发生着爱的故事，小朋友们生活在充满爱的家庭里是多么幸福啊！

3. 我爱我家我行动

师：家人这么爱你们，你们想对他们说些什么、做些什么？

小结：听得出小朋友也非常爱家人，有的说要大声说出对家人的爱，有的想帮家人分担劳动，有的想亲手为家人制作充满爱意的礼物……不管用哪一种方法，都是我们对家人的爱。

4. 音乐声中强化情感

师：让我们一起唱《我有一个家》，希望我们一直幸福下去，也希望小朋友们能用自己的方式去爱家人。

（五）活动评价

此次活动通过绘本引题、介绍家人的形式让幼儿切实感受家人对自己的付出，感受家庭的温暖。活动重点关注幼儿能否通过语言、歌曲或行为等形式表达自己对家人的爱。

（六）活动延伸

借助音乐活动加深幼儿对家庭温暖的感受。

在家长开放日创设一些促进亲子关系的游戏和活动。

投放各种家庭成员的表征材料，在角色游戏中提升幼儿对家庭成员的认识。

在班级里设置“全家福”墙，扩展“家”的概念。班级也是一个大家庭，墙上有各种家庭成员的形象、本领等特征的表征。

通过游戏、活动加强家庭成员之间的交流和情感互动，比如家庭游、家庭运动会等。

（七）参考资源

[英]玛丽·霍夫曼(文)，罗丝·阿斯奎思(图). 各种各样的家——家庭超级大书. 黄筱茵，译. 北京：北京联合出版公司，2015.

五、 主题单元幼儿表现评估

主题__________

班级__________　　幼儿姓名__________　　教师姓名__________

评价者__________　　日期__________

评估准则：完全掌握或做到为 4 分；有时掌握或做到为 3 分；初步掌握或做到为 2 分；暂未掌握或做到为 1 分。

学习目标	具体表现	1 分	2 分	3 分	4 分
1. 知道自己的优点和缺点，能正确评价自己，增强自我意识					
2. 正确识别情绪，寻找并发现自己生活中的快乐，尝试用动作、语言表达和传递快乐，做健康、快乐的自己					
3. 在多种活动形式中感受勇敢，正确认识勇敢，在遇到困难时敢于尝试各种方法，体验克服困难后的成功感					
4. 体会同伴交往的乐趣，了解同伴交往中会发生的各种情况，探索同伴间友好交往的方法					
5. 对家庭成员角色有认知并感受家人对自己的关爱，能用自己的方式表达对家人的爱，形成家庭归属感					

中班消防安全

一、 主题单元背景资料

《幼儿园教育指导纲要(试行)》指出：“幼儿园必须把保护幼儿的生命和促进幼儿的健康放在工作的首位。”幼儿的安全是幼儿园发展的保障，让幼儿知道必要的安全保健常识，学会保护自己是幼儿园教育的重要内容。中班幼儿已经适应了幼儿园的生活，生活范围也不断扩大。他们对周围事物充满好奇，对于消防安全知识也有了初步的了解，但是生活经验仍有所欠缺。幼儿园应开展消防安全系列活动，帮助幼儿辨析生活中的安全隐患、认识消防安全标志，了解火灾扑救办法以及遇到火灾时可以运用哪些有效的自救、逃生方法等。

在本主题单元中，我们将结合中班幼儿的年龄特点，基于幼儿已有的消防安全经验，设计更为深入的主题活动，如认识生活中的消防安全标志、学会拨打火警电话以及初步掌握安全逃生方法等，借助多种音频、视频资源，同时充分利用环境创设和幼儿间互动，帮助中班幼儿进一步了解消防安全常识，正确树立防火意识和自我保护意识。

二、 主题单元目标

第一，认识并尝试在生活中找到消防安全标志，并尝试表达不同安全标志的含义和作用。

第二，通过观察、讨论，掌握常见的防火知识与方法。

第三，初步掌握安全逃生的方法。

第四，学会拨打火警电话 119，了解报警要点，能识别火警警铃。

第五，了解消防安全知识，进一步树立防火意识和自我保护意识。

三、 主题单元环境创设

（一）墙饰创设

根据本主题的目标与内容，结合中班幼儿活泼好动、具体形象思维强的年龄特点，墙饰创设鼓励幼儿自己动手创作，亲身体验。

1. 防火小知识

此板块中主要体现预防火灾发生的防火常识内容。

将卡通人物“安安”正在做的，并且有安全隐患的故事用图画形式粘贴在该板块中，请幼儿找一找安全隐患，并说一说如何避免火灾发生。

2. 火灾逃生大作战

此板块主要体现火灾逃生时的内容。

活动一：我知道的消防安全标志。

将幼儿画的消防安全标志贴在此板块，并请幼儿说一说这些标志的含义。

活动二：逃生的注意事项。

将幼儿在表演区或生活中的火灾逃生演习拍摄下来，将照片粘贴在此板块，并请幼儿介绍逃生的注意事项。

（二）区域活动

1. 娃娃家

提供与消防安全相关的玩具，如电话、毛巾、安全帽、图片、消防车模型等，供幼儿在此区域中参与预防火灾、火灾逃生、火灾报警等游戏。

2. 角色扮演区

提供故事情境、消防员装备、电话等玩具材料，可供幼儿表演。

3. 益智区

提供积木，鼓励幼儿搭建消防车或制作消防员等与消防安全相关的人物、标志。

4. 语言区

提供适合中班幼儿阅读的消防安全绘本若干，供幼儿阅读。

5. 美工区

提供各类手工材料，以便幼儿设计消防安全标志，绘制火灾逃生注意事项或安全逃生路线图等。

（三）班级文化

1. 培养幼儿的消防安全意识

中班幼儿开始大胆探索周围的环境，有强烈的求知欲和良好的学习能力，乐于探索，敢于尝试，喜欢表现。教师可以从幼儿日常生活出发，通过环境创设和区域活动，使幼儿掌握防火常识和火灾逃生的方法；继而通过开展主题活动，以学唱儿歌、做游戏等方式，帮助幼儿进一步了解消防安全常识，使幼儿能够在日常生活中主动发现火灾隐患。

2. 引导幼儿正确认识火灾，树立自我保护意识

火灾来袭，唯有沉着、冷静、不慌张才能为逃生争取宝贵时间。了解火灾自救方法、进行火灾逃生演习，对幼儿来说非常有必要。中班幼儿有了一定的自理能力，并且语言表达能力也有所提高，教师可以适时对幼儿进行火灾自救及逃生教育，借儿歌、游戏等形式，使幼儿了解火灾自救的方法并加强自我保护意识。

四、 主题单元教育活动方案

中班活动 1：防火小卫士

（一）活动背景

刚升入中班的幼儿安全意识较弱，教师通过故事引入消防安全活动，逐渐培养幼儿的理解能力与逻辑判断力，提高幼儿的消防安全意识、自我保护意识与自救意识。

（二）活动目标

第一，了解用火不当的危害，尝试发现生活中的消防安全隐患。

第二，通过观察、讨论，掌握常见的防火办法。

第三，关注生活中的火灾隐患，具有初步的防范火灾的意识和自我保护意识。

（三）活动准备

故事《森林里的警报声》、用火不当图片。

（四）活动过程

1. 通过讲故事，猜一猜火灾发生的原因

师：老师有一只兔子朋友，它最近遇到了一些危险的事情，险些要了它和小伙伴的命。兔子赶紧让我来和小朋友们分享一下它的故事，提醒小朋友们不要陷入危险中。那现在就让我们一起来听听吧。

（教师请幼儿听完故事后，猜一猜火灾发生的原因）

小结：没错，小猪模仿小兔子点蜡烛，它还点了火柴，火焰烧到了旁边易燃的柴堆，引发了火灾。

2. 通过做游戏，找出火灾隐患

师：现在老师请小朋友们当安全小卫士，看一看照片里都有哪些安全隐患。

师：如果遇到这种情况，我们应该怎么做？

小结：小朋友不要玩蜡烛或者打火机；家中点燃的蜡烛应该远离易燃易爆物品；如果不小心点燃了物品，记得马上用水熄灭。

总结：小朋友们平时如果需要点蜡烛，一定要请大人帮忙；家里的取暖灯等发光发热物体，一定不要靠近易燃物；提醒大人注意熄灭烟头……只有这样，我们才能预防火灾的发生，不让小兔子那样的危险事件出现在我们身边。

（五）活动评价

本活动通过引入生动形象的故事，以小兔子为主人公将幼儿快速带入情境。通过小兔子的故事引起幼儿的关注，引导幼儿帮助小兔子找出火灾发生的原因，使幼儿学会判断火灾隐患；同时创设游戏情境，使幼儿通过参与游戏，提高自身参与意识；加深对火灾隐患的印象，从而在日常生活中树立安全用火意识和自我保护意识。

（六）活动延伸

1. 区域活动延伸

语言区：投放安全读本，帮助幼儿加深了解防火常识。

娃娃区：创设家中着火情境，投放消防装备。

美工区：请幼儿设计并张贴防火标志。

2. 家庭亲子活动延伸

让幼儿与家庭成员一起讨论家中的安全隐患并记录。

附：

故事《森林里的警报声》

这一天是小兔的生日，它邀请了好朋友小猫、小狗、小猪来和它一起过生日。它准备了好吃的生日蛋糕、好吃的水果来招待朋友们。好朋友们呢，带来了鲜花给小兔祝贺生日。大家在一起唱啊、跳啊，开心极了。到了吃蛋糕的时间，小兔用妈妈平时用的火柴点燃了蜡烛，许了生日愿望，它还请小猫和它一起吹蜡烛。大家开心地吃了蛋糕。吃完蛋糕，小狗提议玩捉迷藏的游戏。这时，突然听到小猪在院子里大喊："着火啦，着火啦……"伙伴们赶紧到院子里去看，发现柴堆着起大火了！小猫、小狗赶忙去屋后面的河边提水灭火，机灵的小兔想起了爸爸跟它说过，大象伯伯是森林消防队的队长，于是赶紧打了火警电话"119"。接到小兔的电话，大象伯伯拉响了警报，森林消防队的队员们迅速出动，赶到了小兔家。它们分工明确，训练有素，很快就灭了火。

一场虚惊结束了。大象伯伯向小兔调查着火的原因，几个好朋友都觉得很奇怪，怎么突然就着起火来了？大家把目光投向第一个发现火灾的小猪。它的脸简直比刚才的火还要红，它不好意思地低下了头说："我看小兔点蜡烛很好玩，我也想点一个，于是在你们吃蛋糕的时候就拿着蜡烛和火柴到院子里来点，没想到却把旁边的柴堆点着了……"

第二天，大象伯伯召开了消防知识大会，为森林里的小动物们讲解了预防火灾的知识。从此森林里再也没有想起过警报声。

（七）参考资源

1. 儿歌

消防安全儿歌

你拍一，我拍一，小孩不玩打火机，你拍二，我拍二，玩离电源和气罐

你拍三，我拍三，监督爸爸不吸烟，你拍四，我拍四，遇到着火不哭泣

你拍五，我拍五，烟大快把口鼻捂，你拍六，我拍六，遇到火灾快呼救

你拍七，我拍七，遇到火灾快逃离，你拍八，我拍八，防火安全从小抓

你拍九，我拍九，报警拨打 119，你拍十，我拍十，防火行动要落实。

2. 参考书目

杨金秀．安全常识互动游戏书．西安：未来出版社，2013.

王迎春．儿童全方位教育读本——安全．长春：吉林出版集团有限责任公司，2009.

郑淑敏．幼儿园健康教育课程案例集．北京：学苑出版社，2016.

中班活动 2：生活中的消防标志

（一）活动背景

中班幼儿已经掌握了一些消防常识，再加上幼儿处在具体形象思维阶段，对图形、标志充满兴趣，因此抓住教育契机加深幼儿对于生活中消防疏散标志的认识，有助于引导幼儿在发生火灾时不忙乱，沉着、冷静地按照标志逃生，提高幼儿的自我保护能力和应变能力。

（二）活动目标

第一，认识消防安全标志，尝试在生活中找到常见的消防疏散标志。

第二，能够表达不同消防标志的含义和作用。

第三，主动在生活中发现更多的消防标志，懂得消防标志的重要性。

（三）活动准备

各种消防安全标志、画有标志的粘板、立体骰子、6 份迷宫图。

（四）活动过程

幼儿伴随音乐进入教室，挑选自己喜欢或熟悉的消防安全标志，并猜一猜这个标志的含义。

1. 游戏：你说我翻

师：小朋友，你知道自己手中拿的是哪一个消防安全标志吗？看看你们拿的标志和老师黑板的背面有没有同样的标志？

2. 出示各种消防安全标志，引起幼儿注意

（出示“安全出口”/“紧急出口”标志）

师：小朋友，你们看这个是什么标志呀？它代表什么意思呀？

讨论：为什么生活中会看到发光的“安全出口”呢？它们的作用是什么？

小结：常亮是因为要应对停电等突发状况，在黑暗中为逃生指明方向，“安全出口”标志能够指引我们在火灾发生时快速逃离火场。

(出示画有“灭火器”的标志)

师：请问这个标志是什么意思呢？看到这个标志我们可以做什么呢？

小结：提醒人们这里装有防火设施——灭火器，人们看到这个标志可以快速拿出灭火器进行灭火。

(出示画有“消防栓”的标志)

师：请问这个标志是什么意思？看到这个标志我们可以做什么？

小结：提醒人们这里装有固定式消防设施——消防栓，人们看到这个标志就知道可以使用消防栓进行灭火了。

(出示画有“火警电话 119”的图标)

师：看到这个标志，我们可以怎么做呢？

小结：“火警电话 119”标志可以提醒人们，在火灾发生时快速拨打火警电话 119 进行报警。

3. 进行“走迷宫”活动，为游戏做准备

教师：小朋友，你们看这里有很多标有“安全出口”“灭火器”的标志，还有一个骰子和 6 份迷宫图。我们要通过掷骰子选择一个迷宫，通过粘贴并说明各种标志的含义来帮助迷宫中的小朋友快速逃离火场。我们四人一组赶快来试试吧！

4. 教师示范游戏，帮助幼儿掌握游戏规则

师：游戏规则都定好了，玩起来一定很有意思，我们来试一试吧！

总结：小朋友们都能够帮助迷宫里的小伙伴快速逃离火场。我们自己也要在生活中多多留意这些消防安全标志，这样在火灾发生时才不至于慌乱、害怕，才能够快速逃生！

（五）活动评价

本活动通过请幼儿选择喜欢的安全疏散标志引入活动，充分调动幼儿的兴

趣；继而帮助幼儿将手中的标志与教师黑板背面的标志进行联系，增加神秘感和趣味性，使幼儿愿意参与活动。通过游戏加深幼儿对安全疏散标志的印象；通过创设游戏，帮助迷宫中的小朋友逃生，增强了幼儿的责任感；通过不断表达标志的含义，提高幼儿语言表达能力，加深幼儿对消防疏散标志的认识与了解，正确树立起火灾发生时的自我保护意识。

（六）活动延伸

1. 区域活动延伸

语言区：投放《童眼识天下：认标志》和安全标志卡，供幼儿阅读。

益智区：投放迷宫和安全标志拼图，供幼儿游戏使用。

建构区：投放消防标志材料，供幼儿在用积木搭建房屋时使用。

2. 家庭亲子活动延伸

鼓励幼儿在日常生活中与父母一起寻找常见的消防安全疏散标志，并尝试在家中粘贴标志。

（七）参考资源

1. 安全常识

消防安全标志

2. 拓展阅读

陈晓艳．儿童安全标志认知卡．石家庄：花山文艺出版社，2018.

童心．童眼识天下：认标志．北京：化学工业出版社，2018.

[澳]杰西·弗兰(文)，布鲁斯、沃特利(图). 写给孩子的自然灾害书 火灾. 刘萱，刘玉林译，石家庄：河北少年儿童出版社，2019.

中班活动 3：着火了如何逃生

（一）活动背景

在本单元的前两次活动中，幼儿了解了生活中的火灾隐患，认识了常见的消防安全标识，提高了日常防火的意识。教师发现幼儿对于发生火灾时如何逃生，仍然感到害怕与不知所措。为了帮助幼儿学会在危急情况下自救，教师设计了此次教学活动。

（二）活动目标

第一，了解简单的逃生方法。

第二，学习消防逃生姿势要领，提高自我保护能力。

第三，树立消防自救和安全逃生意识。

（三）活动准备

火场逃生图片 1 张，幼儿消防演习录像，与幼儿人数相同的小毛巾，玻璃透明鱼缸 2 个，烟饼 2 小块(非化学品烟饼)，打火机，实验用干湿毛巾各 6~8 块，消防逃生儿歌。

（四）活动过程

1. 观看幼儿园消防演习视频，回顾消防逃生方法

(出示火场逃生图片，引出活动主题)

师：图片中发生了什么？大家在干什么？

(播放幼儿园消防演习录像，回顾消防逃生方法，鼓励幼儿讲述逃生方法)

师：如果幼儿园着火了，我们要怎么做？让我们一起看看幼儿园消防演习录像，说一说小朋友们是怎么逃生的，他们逃生的时候用了什么物品保护自己。

小结：如果幼儿园里着火了，小朋友们要紧紧跟随老师，用湿毛巾捂住口鼻，弯腰低头，快速跑到幼儿园操场，等待消防员叔叔的救援。

2. 演示干湿毛巾对比实验，学习湿毛巾捂住口鼻的要领

(演示干湿毛巾对比实验，了解发生火灾时为什么要用湿毛巾捂住口鼻)

师：小朋友们刚才都知道了要用湿毛巾捂住口鼻，那你们知道为什么要用湿毛巾，而不是干毛巾吗？让我们做一个科学小实验来看看吧。

（教师在两个鱼缸中分别投入烟饼，用干湿毛巾覆盖，请幼儿看一看）

师：小朋友们来看一看，两边的毛巾有什么不一样？

小结：干毛巾有明显的烟味，湿毛巾的烟味很小。靠近容器口的毛巾有黄斑，但干毛巾黄斑比湿毛巾浅很多。可见，湿毛巾对隔绝火场烟雾有很好的作用，小朋友逃生时要选择用湿毛巾捂住口鼻。

（学习湿毛巾捂住口鼻叠法，掌握保护自己的方法）

师：要怎么使用湿毛巾才能更好地隔绝烟雾呢？让我们一起看看视频里的消防员叔叔是怎么做的。

（播放消防员折叠湿毛巾的视频）

师：老师给每位小朋友都准备了一块毛巾，让我们跟着消防员叔叔一起叠一叠吧。叠完了的小朋友可以跟旁边的小伙伴说一说，你对折了几次，叠好后的毛巾有几层，叠好后的湿毛巾要放在哪儿。让我们一起试试吧。

小结：我们在遇到火灾时，要把湿毛巾对折三次，形成8层，捂住口鼻，这种厚度的湿毛巾能够很好地隔绝烟雾中的有毒气体，帮助我们从火场逃生。

3. 讨论并学习沿消防通道快步走的要领

（幼儿讨论，了解发生火灾时为什么要弯腰低头快走）

师：发生火灾时，除了用湿毛巾捂住口鼻，小朋友们还要弯腰、低头快速沿着安全通道撤离。你们知道为什么要弯腰、低头、为什么要快步沿消防通道走吗？

小结：弯腰、低头是因为发生火灾时，烟雾会向空气上方飘。快步走是因为火势蔓延非常快，我们要尽快脱离危险。小朋友们还要注意的是，我们一定要走消防通道，坐电梯或跳窗都是非常危险的。

（示范正确动作，幼儿体验弯腰低头沿消防通道快步走的姿势）

师：小朋友们在逃生时，要压低身子，弯下腰，低着头，快速跟在老师后面撤离。请小朋友们跟着老师一起做这个动作。

小结：幼儿做动作的过程中教师巡回指导，帮助幼儿掌握要领。

4. 欣赏歌曲，巩固消防逃生经验

（梳理消防逃生经验）

师：今天我们一起了解了消防逃生的方法，小朋友们还记得吗？我们再来说一说。

小结：如果发生火灾，小朋友们一定不要害怕、不要慌张，要拿湿毛巾捂住口鼻，找到安全出口，弯腰低头快速撤离。

(欣赏消防逃生歌曲)

师：接下来播放有关消防逃生的歌曲，我们一起听一听、学一学、唱一唱吧！

(五)活动评价

本活动旨在通过幼儿园演习视频的回顾，唤醒幼儿已有的消防逃生经验。在经验回顾过程中，教师鼓励幼儿完整表述自己的想法，与幼儿共同总结梳理出消防逃生的简单方法。由于幼儿的学习方式以游戏为主，教师以科学小实验的方式进行直观展示，让幼儿通过多种感官感知并理解逃生方法背后的原因，并在亲身实践的过程中体验逃生方法要领，从而掌握基本的消防逃生技能，树立自我安全保护的意识。

(六)活动延伸

请幼儿回家与父母一起调查、了解家庭及公共场所消防逃生的方法，并用图画或符号进行记录，带到幼儿园与小朋友分享。

将幼儿的调查记录装订成册，投放在图书区，巩固幼儿消防逃生的技能。

在美工区开展制作安全逃生宣传海报的活动，鼓励幼儿将制作好的海报向同伴及其他班级幼儿宣传。

将消防逃生儿歌音频投放到表演区，鼓励幼儿学唱并表演。

中班活动 4：着火了怎么办

(一)活动背景

安全教育是幼儿园的头等大事，消防安全更是重中之重。《3—6 岁儿童学习与发展指南》健康领域部分对 3~6 岁幼儿应具备基本的安全知识和自我保护能力做了详细描述。4~5 岁幼儿自我保护的意识和能力逐渐增强，好学、好问、好探究，对周围环境充满求知欲，对于生活中简单的标志有一定的认知，听到新闻播报中有关于火灾的新闻会产生强烈的求知欲。教师在结合了孩子的兴趣点和疑问点后，设计了本次演习活动，希望幼儿能够知道在遇到火灾时如何应对，学会拨打火警电话 119，了解报警要点，掌握火场逃生的基本方法和技能。

（二）活动目标

第一，学会拨打火警电话 119，了解报警要点。

第二，能够识别消防火警警报声。

第三，掌握安全逃生的方法。

第四，树立火场自救和逃生意识。

第五，培养学习消防知识和技能的兴趣，使幼儿获得火灾自救的成功体验。

（三）活动准备

电话、火灾发生现场逃生的视频、火灾发生的图片、消防火警警报声、幼儿园疏散图、毛巾若干。

（四）活动过程

1. 图片导入，引出话题，尝试使用正确的号码报警

（图片导入，引出话题）

师：请小朋友看看图片上发生了什么事情？如果发生了火灾，我们应该怎么办？

（模拟拨打火警电话 119）

师：那你们知道火警电话的号码吗？我们应该如何拨打火警电话呢？

教师准备不同场景的火灾图片（如厨房着火、客厅着火图片等），由教师（或配班教师）扮演消防接线员，请 2~4 名幼儿扮演打电话报警的人，并请其他幼儿进行评论。

小结：在火灾发生时，如果我们无法自救逃生，应该快速拨打火警电话 119。在拨打电话时，我们应该跟消防员叔叔说出我们家的地址、起火的地点，描述火灾的情况，有没有伤亡情况等。逃生的时间很短，所以大家一定要争分夺秒、快速准确地告诉消防员重要信息。

（小结后，再次尝试拨打火警电话 119）

老师准备不同场景的火灾图片（如厨房着火、客厅着火等），请 3~5 名幼儿按照总结出的流程再次尝试拨打火警电话 119。

流程：消防员叔叔您好，我家厨房/客厅位置着火了，地址是×××区××街道××号楼×层×号，是××东西引发的火灾，有/没有人员伤亡。我叫×××，父母电话是……(同时除了叙述流程外，还要注意听清对方提出的问题，冷静并正确回答)

2. 观看情景动画，学习火场逃生的方法

(视频内容：书院老师正在给大吉他们上课，突然闻到了烟味并发现着火了。老师告诉大家不要慌，用湿毛巾捂住口鼻快速逃出去)

师：如果你是大吉，着火了你会怎么办?

师：大吉特别着急，赶紧跑了出去。我们来看看大吉直接跑出去发生了什么事情?

(视频内容：大吉没有拿毛巾而是直接冲出去了，大吉："外面好呛呀！都流眼泪了。"说着大吉眼前一黑，晕倒在地)

师：看来着火了我们不能直接跑出去，这样很危险。那该怎么办?

师：那我们一起看看小七的办法是什么。

(视频内容：小七教大吉要压低身体匍匐前进，"靠近地面有空气，毛巾挡住黑毒气"。两人继续向前爬去)

师：老师觉得小七这样爬出去有点慢，谁有更好的办法能快速跑出去?

老师请若干幼儿上前示范快速跑出教室的好办法(在集体面前示范弯腰低头，用毛巾捂住口鼻，压低身体快速跑出)。

(通过观看视频、讨论，让幼儿了解如何快速逃离火场。师幼模拟逃跑时的身体姿势，进一步掌握逃离火场的方法)

师：大吉在逃跑的时候看到了电梯和楼梯，你觉得大吉应该怎样选择?

师：有的选择楼梯，有的选择电梯，还有别的答案吗?同意坐电梯吗?为什么?

师：我们看看大吉坐电梯出现了什么事情。

(视频内容：大吉在逃离火场时看到了电梯，想乘电梯离开，但是发现电梯被大火烧坏了)

师：我们不能坐电梯了，那怎样走呀?

师：大吉顺着安全出口的方向走去，他遇到了什么?

师：你猜猜大吉会选择跳窗呢，还是沿安全出口的方向继续走呢?

师：你们都觉得是选择安全出口的方向，是吗？

师：我们看看大吉是怎样选的吧。

（视频内容：小七劝大吉要继续顺着安全出口的标记走，结果大吉顺利地逃离了火场）

小结：原来跳窗太危险了，直接跳下来会摔伤自己，甚至会有生命危险。所以，当我们遇到着火时，要走楼梯，而且还要走安全出口，不能跳窗户。

（通过观看视频、师幼讨论，使幼儿了解在逃生时，要选择楼梯，要走安全出口，不能坐电梯和跳窗户）

3. 看图说儿歌，总结知识点

师：我们今天学到了这么多知识，我编了一首儿歌，我们一起唱唱！

安全知识要牢记，疏散路线看仔细。

着火报警 119，具体地址要讲清。

打湿毛巾护口鼻，弯腰低头向前行。

听从指挥快速跑，勿乘电梯走楼梯。

（用儿歌的形式，概括本次活动的内容和要点，便于幼儿记忆。活动后将儿歌张贴在班级健康墙上，供幼儿再次回顾）

4. 开展消防演习活动，引导幼儿将所学知识运用到活动中

教师带领幼儿在楼道里寻找安全出口标志，再次讨论如何从班里逃生，一同制定逃生路线。

突然报警声响彻幼儿园，幼儿摘取毛巾、捂住口鼻，在老师的带领下，低姿、弯腰，迅速从班内撤离。

撤离到安全区域后，发现有伤员滞留火场，总指挥令救援人员迅速展开搜救。伤员成功撤离火场，医护人员为伤者进行治疗。

孩子们到达安全场地后，教师清点人数，同孩子们一起梳理演习中的要领：遇到火灾后如何进行自救、如何逃生，引导幼儿面对突发事件不慌不忙，听从教师安排，紧急撤离。

（五）活动评价

本次活动贴近幼儿生活，充分挖掘了幼儿生活中可能会遇到的问题。活动

使用了观察学习法、多媒体演示学习法、倾听与表达学习法等教学方法，通过直观的观察学习法引导幼儿观察图片进而引发幼儿讨论，学习正确的报警要点。活动中幼儿学会了拨打火警电话119，能识别出消防火警警报声，在演习中掌握安全逃生的方法，树立火场自救和逃生意识。

（六）活动延伸

在教室创设“火警报警”区角，锻炼幼儿拨打火警电话报警的能力。

请小朋友回家考考爸爸妈妈，看看他们知不知道如何拨打火警电话，然后跟他们一起模拟拨打火警电话。

与消防队和家长联系，组织一次亲子消防演习。

五、 主题单元幼儿表现评估

主题__________

班级__________　　幼儿姓名__________　　教师姓名__________

评价者__________　　日期__________

评估准则：完全掌握或做到为4分；有时掌握或做到为3分；初步掌握或做到为2分；暂未掌握或做到为1分。

学习目标	具体表现	1分	2分	3分	4分
1. 认识并尝试在生活中找到消防安全标志，并能够尝试表达不同安全标志的含义和作用					
2. 通过观察、讨论，基本掌握常见的防火知识与防火方法					
3. 初步掌握安全逃生的方法					
4. 学会拨打火警电话119，了解报警要点，能识别出火警警铃					
5. 了解消防安全知识，进一步树立防火意识和自我保护意识					

中班交通安全

一、 主题单元背景资料

交通安全关系着千家万户。马路上的交通标志，各种各样的交通工具，地下通道，过街天桥，快捷便利的电梯、直梯等，虽然方便着人们的生活，但是也存在一定的安全隐患。各类交通事故频繁发生，警示父母和幼儿园教育工作者，为了孩子的安全，交通安全教育要从小抓起。中班幼儿已经逐步认识到一些社会规则和行为规范，但是遵守交通规则意识和交通安全自我保护意识还比较薄弱。本主题针对日常生活中常见的交通安全常识，如怎样安全过马路，走地下通道、过街天桥，乘坐各类交通工具，通过观察模仿、角色扮演、操作游戏等多种形式，引导幼儿认识交通标志，了解出行安全隐患，知道要遵守的交通规则常识，学做文明小行人，树立交通安全自我保护意识。

二、 主题单元目标

第一，认识生活中常见的交通标志，知道交通标志的重要性。

第二，懂得走地下通道、过街天桥是文明过马路的常见方式，并能说出安全注意事项。

第三，了解有关乘车、乘坐电梯安全方面的知识，能够遵守规则，文明出行。

第四，能在生活中发现他人不当的交通行为，树立初步的交通安全自我保护意识。

三、 主题单元环境创设

(一)墙饰创设

1. 去幼儿园路上

在墙面上模拟“去幼儿园路上”的情景。运用小汽车、行人和自己制作的交通标志卡片粘贴在从家到幼儿园的路上，让幼儿判断遵守交通标志的行人和司机“他这样做对吗”；展示交警手势的示意图，幼儿通过模仿学习交警的交通手势。

2. 我会认路标

收集不同的路牌标志图片张贴在环境中，引导幼儿观察辨认，如地下通道、过街天桥、地铁和人行通道等。附幼儿记录，让幼儿互相说一说，自己是怎样走过这些地方的，有哪些注意事项。

3. 谁的行为正确

此板块分为两个区域，一个区域中有许多正确的幼儿乘车行为图片；另一个区域中是错误的幼儿乘车行为图片，墙面旁边的小盒中放有许多笑脸表情的“急急侠”和皱眉表情的“急急侠”卡片。

正确行为如上车、下车时有序排队；乘车过程中端坐在儿童座椅上等。

错误行为如乘车过程中将头、手伸出车窗外、天窗外；上车不排队，不跟随大人，下车时拥挤、打闹等。

幼儿通过看一看、选一选、说一说，辨别正确的乘车行为和错误的乘车行为，并将笑脸表情的“急急侠”和皱眉表情的“急急侠”贴在对应的幼儿行为下面。

4. 我家附近的电梯

在墙面展示电梯内部结构，幼儿标出自己家在第几层。旁边附幼儿记录表或图示，让幼儿说一说“我是怎样乘坐电梯的”“安全乘坐电梯的规则”。

(二)区域活动

1. 建构区

提供各种天桥、地下通道的图片、不同材料(积木、插塑或废旧材料等)用来搭建地下通道和过街天桥。

2. 美工区

提供常见的交通信号灯图片、彩色卡片、彩纸、彩色水笔、圆形和三角形的模型卡片，供幼儿描画、粘贴制作信号灯。

提供油画棒、水彩笔、彩泥及绘画纸，供幼儿设计不同结构的人行天桥。

3. 阅读区

提供人物图片、过马路行为图片，让幼儿进行情景故事的创编。

提供录音笔、播放器、点读笔等，准备幼儿安全乘坐交通工具的小故事，供幼儿自主欣赏、讲述故事。

4. 益智区

“交通标志飞行棋”。规则：两名幼儿轮流掷骰子，根据点数在飞行棋上走相应的步数，看谁先到达终点。

“文明乘坐电梯飞行棋”。规则：两名幼儿轮流掷骰子，根据点数在飞行棋上走相应的步数，看谁先到达终点。

投放正确的乘车行为和错误的乘车行为图片，引导幼儿观察、辨别正确与错误的乘车行为，与同伴交流正确乘坐交通工具的知识，学习总结归类。

乘坐电梯的图片(分为文明和不文明行为两种)、贴有笑脸和哭脸卡片的分类盒，让幼儿判断图片中的乘坐电梯行为是否正确并进行分类。

5. 角色扮演区

材料：玩具车、加油站、交警服饰、斑马线、停止线等常见交通标志，幼儿扮演司机、交警、乘客、行人等。

（三）班级文化

1. 帮助幼儿认识身边的交通标志、交通工具

随着社会的发展，交通工具越来越多也越来越发达。为了保障幼儿行走、乘车过程中的安全，教师需要引导幼儿了解交通安全的基本常识和规则。因此，在班级墙面创设“去幼儿园路上”的环境，让幼儿通过观察与墙面进行互动来认识身边的交通标志，了解交通规则；在班级区域里提供多种交通安全游戏的操作材料，如飞行棋、交通行为图卡分类盒等，使幼儿通过游戏、操作，辨识交

通文明行为，体会遵守交通规则的重要性；在亲子互动、师幼互动、同伴交往中引导幼儿交流过马路、乘车、乘坐电梯的安全规则和注意事项，增强幼儿遵守交通规则的安全意识，提高幼儿的自我保护能力。

2. 树立安全意识，做一个文明出行者

在幼儿对身边的交通标志、交通工具、交通规则有了一定了解的基础上，引导幼儿落实自身行动，树立遵守交通规则的意识，培养幼儿在生活中做一名文明的出行者；引导幼儿能够在生活中发现他人的不当行为并提醒，培养幼儿从小树立交通安全自我保护意识。

四、 主题单元教育活动方案

中班活动 1：我是小交警

（一）活动背景

交通警察是幼儿崇拜、喜欢的形象之一，他们对交警的服装、指挥手势都非常感兴趣，很多幼儿都喜欢模仿交警指挥交通的样子。中班幼儿活泼好动，表达和表现能力强，通过扮演交警、行人、司机，有助于帮助幼儿理解交通标志、指挥手势的含义，增强幼儿遵守交通安全规则的意识和自我保护意识。

（二）活动目标

第一，认识常见的交通标志，知道交通标志的重要性。

第二，愿意扮演小交警，喜欢用简单的手势指挥交通。

第三，对周围生活中常见的交通标志感兴趣，喜欢探究。

（三）活动准备

小交警服装、红绿灯模型、在地面上粘贴人行横道，常见的交通标志图片，幼儿和家长自制的交通标志图片，布置场景“上幼儿园路上”，交警手势图示。

（四）活动过程

1. 幼儿分组讨论

(引导幼儿说一说和父母一起走在或者行驶在上幼儿园的路上都见到了哪些

交通标志）

师：你们每天是怎么来幼儿园的？你在路上见过哪些交通标志？这些交通标志表示什么意思？

2. 请交警为幼儿介绍常见的交通指挥手势

请交警叔叔进行自我介绍，包括工作单位，具体工作任务，并提问："小朋友们你们看看他是谁？他是做什么工作的？我们一起来认识一下他吧。"

教师扮演开车的人，交警叔叔指挥交通。请全体幼儿模仿交警的交通指挥手势：不准前方车辆通行、准许车辆左转弯、准许右方的车辆右转弯。

小结：马路上有很多危险，这些交通指挥手势能够指挥车辆，让车辆快速、安全的通过马路并且避免交通拥堵。我们要遵守交通规则，安全出行。

3. 游戏"我是小交警"

教师引导幼儿讨论交警的工作。

师：你在马路上见过交警吗？他们是怎么指挥交通的？谁能学一学？

（观看视频认识及模仿交警指挥交通的基本手势）

师：你看见了哪些手势？它代表什么意思？谁能来模仿一下？

户外活动体验"我是小交警"。

（请幼儿到户外进行模拟演练。幼儿分为司机和交警两个小组。通过模仿了解交警的手势和所代表的内容）

师：交警可以指挥交通，提示行人和司机按照交通标志、交通信号进行活动。

（鼓励幼儿扮演"小交警"，尝试运用交通标志进行游戏）

（体验结束，教师提问并总结经验）

师：作为小司机，你都遇到了哪些交通标志？你是怎么做的？

师：行人遇到了哪些交通信号灯？你是怎么做的？司机是否进行了避让？

师：交警出示了哪些交通信号灯？行人和司机有没有违反交通规则？

小结：在日常生活中，小朋友要做文明出行人，知道看交通信号灯行走。知道违反交通规则会带来危险，甚至有可能危及生命。在日常生活中提醒爸爸妈妈开车要遵守交通规则，按照交通标志驾驶车辆。

(五)活动评价

观察幼儿能否认识马路上常见的交通标志，如红绿灯、人行横道、左转标志、右转标志、禁停标志等，并理解其含义；观察幼儿是否喜欢模仿交警，在游戏中尝试用简单的交警手势指挥交通。

(六)活动延伸

表演区：幼儿扮演交警和开车人的角色，随着音乐进行表演，在活动中巩固幼儿对交通标志和交通指挥手势的认识。

阅读区：幼儿相互介绍其自制或收集来的交通标志并讨论：这些是什么标志？你在哪里看见过？这些标志告诉我们什么？为什么要有这些交通标志？

益智区：提供交通标志飞行棋，培养幼儿正确判断马路上行人、司机的对错行为。

幼儿在出行时观察马路上的交通信号灯和交通信号标志，认识、感受和理解其含义和用途，仔细观察马路上的行人、车辆如何遵守相应的交通规则；在家庭中爸爸妈妈扮演行人和司机的角色，幼儿扮演交通警察做亲子游戏。

中班活动 2：我会过马路

(一)活动背景

城市道路交通的快速发展为我们带来了便利，不过各类交通事故也频繁发生，促使我们加强幼儿的交通安全教育，让幼儿了解日常生活中细微之处的危险，知道遵守交通规则的重要性，懂得保护自己。开展此活动，旨在结合幼儿的生活经验，纠正幼儿不文明、不安全的过马路行为，学会安全的过马路方式及认识路牌标志，从而提高幼儿在马路上行走时的安全意识。

(二)活动目标

第一，知道走地下通道、过街天桥是安全过马路的方式。

第二，能简单说出走地下通道和过街天桥的注意事项。

第三，愿意与同伴分享自己过马路的经验。

(三)活动准备

视频短片，各类在地下通道和过街天桥的行为图片。

（四）活动过程

1. 发现乱穿马路的危险

观看乱穿马路的视频。

师：今天在来幼儿园的路上发生了一件事，一起看视频：一位叔叔直接从路边跑着横穿马路，正好一辆汽车开过来，情况非常危险……

（组织幼儿讨论马路上的危险）

师：视频中的这位叔叔在干什么？你觉得他的做法对吗？为什么？

2. 了解正确过马路的方式

组织幼儿讨论怎样安全过马路。

师：你平常是怎样过马路的？怎样过马路才安全呢？

小结：过马路要走斑马线、过街天桥或地下通道，并且我们要等斑马线对面的绿灯亮了才能走，在马路上不能跑，要紧跟大人一起过斑马线；还要时刻注意观察、避让来往的车辆。

3. 游戏活动“找对错”

（教师介绍游戏玩法）

玩法：准备各类过马路及在地下通道和过街天桥中的行为图片，引导幼儿用自己的手势表示图片中的行为是否正确、文明。（正确行为：两只手臂向两侧斜上方举起，错误行为：手臂在胸前交叉）

出示图片，幼儿判断对错。

4. 介绍走地下通道和过街天桥的注意事项

播放情景短片，请幼儿说一说我们在地下通道和过街天桥行走时应该怎么做。

小结：我们应该在地下通道和过街天桥的楼梯上靠右行，不追逐打闹，不逗留，不从天桥上面往下扔垃圾，不贴近、不翻越栏杆等，紧跟大人快速通过。

5. 亲子任务

回家和父母讨论安全过马路的方式和注意事项。

（五）活动评价

是否知道安全过马路的方式是走斑马线、地下通道和过街天桥；能否说出不在地下通道和天桥追逐打闹，不从天桥上往下扔垃圾，靠右行等文明行走方式。

（六）活动延伸

引导幼儿学认地下通道、天桥的路牌标识。

体育游戏中，模拟设置马路、斑马线、红绿灯、地下通道、过街天桥，幼儿玩骑自行车、走路的游戏，练习看标志过马路。

（七）参考资源

认识路牌标识。

地下通道标识

过街天桥标识

中班活动 3：乘车安全我知道

（一）活动背景

幼儿在乘坐交通工具时需要掌握乘车安全知识。生活中安全知识不够丰富、安全意识薄弱、活泼好动的中班幼儿，往往会做出一些不当的行为，如乘坐交通工具时在车里玩耍，将手、头伸出窗外，触摸车里的物品等。为避免不安全事件的发生，帮助幼儿掌握乘车安全知识，树立自我保护意识，教师设计了这个活动。

（二）活动目标

第一，知道在上车时、乘车过程中和下车时的安全知识。

第二，乘车时不做危险的事情，能提醒其他人的不当行为。

第三，懂得乘车遇到危险时不慌张，学习正确的求助方式。

（三）活动准备

第一，急急侠图片。

第二，PPT 课件。

课件①：小轿车、公共汽车、地铁、高铁、火车、飞机、轮船等交通工具图片。

课件②：日常生活中乘坐公共汽车的危险行为图片（小朋友上车时拥挤、打闹、插队）和正确行为图片（小朋友上车时有序排队上车）。

课件③：日常生活中乘坐小轿车的危险行为图片（在乘车过程中小朋友将头、手伸出车窗外、天窗外）和正确行为图片（在乘车过程中小朋友端坐在儿童座椅上）。

课件④：日常生活中乘坐地铁的危险行为图片（小朋友下车时拥挤、打闹、插队）和正确行为图片（小朋友下车时有序排队下车）。

第三，视频《火车历险记》。

（四）活动过程

1. 引导幼儿回忆乘坐交通工具的相关生活经验

（出示急急侠图片）

师：我们班来了小客人叫急急侠，急急侠要问小朋友们乘坐过哪些交通工具。

（播放课件①，介绍常见的交通工具，如小轿车、公共汽车、地铁、高铁、火车、飞机、轮船等）

小结：急急侠说小朋友在乘坐各种交通工具时要注意安全。

2. 引导幼儿观察图片

（播放课件②，幼儿辨别正确的乘车行为和错误的乘车行为）

师：急急侠给小朋友们提出了问题：你们知道乘车的安全知识吗？你们能分辨出正确的乘车行为吗？

现在我们一起看一看、找一找、说一说正确的乘车行为。小朋友们看看图片里小朋友乘坐的是什么交通工具？在上车时哪个图片中的小朋友的行为是正确的？哪个图片中的小朋友的行为是错误的？我们找出来吧！（幼儿辨别正确时，画面出现笑脸或大拇指）

小结：小朋友们乘坐交通工具时，要有序排队上车，不拥挤、不打闹，如果上车时拥挤、打闹、插队，会发生摔倒、碰倒的危险。

（播放课件③，幼儿观察辨别正确的乘车行为和错误的乘车行为）

师：小朋友们看看图片里小朋友乘坐的是什么交通工具？在乘车过程中哪个图片中小朋友的行为是正确的？哪个图片中小朋友的行为是错误的？我们找出来吧！（幼儿辨别正确时，画面出现笑脸或大拇指）

小结：小朋友们在乘坐交通工具时要端坐在儿童座椅上，不能将头、手伸出车窗外，更不能将头伸到天窗外，这样容易发生碰撞，产生伤害。

（播放课件④，幼儿观察并辨别正确的乘车行为和错误的乘车行为）

师：我们来看看图片里小朋友们乘坐的是什么交通工具？在下车时哪个小朋友的行为是正确的？哪个小朋友的行为是错误的？我们找出来吧！（幼儿辨别正确时，画面出现笑脸或大拇指）

小结：小朋友们乘坐交通工具下车时，要有序排队下车，不能拥挤、打闹、推搡，这些是容易发生摔倒、踩踏的危险行为。

3. 游戏："我们一起来乘车"

师：刚才急急侠给小朋友们提出了许多问题，我们一起找出了正确的乘车行为图片。现在急急侠要带我们玩一个游戏"我们一起来乘车"，请小朋友分组扮演旅客乘车，在上车时、乘车过程中、下车时我们要注意自己怎么做，不做危险的事情，如果发现旅客有错误的行为，我们要指出来，帮助他们改正。

（在教师的引导下幼儿分组玩游戏，并获得奖励）

小结：小朋友在上车时、乘车过程中和下车时要注意安全，不做危险的事情，要保护好自己。

4. 观看视频：《火车历险记》

师：刚才急急侠和我们一起玩游戏，现在急急侠邀请我们一起看动画片《火车历险记》，我们一起来看吧！

（幼儿观看动画片）

小结：小朋友们在上火车时要注意安全，不能在站台奔跑玩耍，要站在警戒线外，乘车过程中如果遇到危险要听大人或乘务工作者的安排，不慌张；不做危险的事情，当看到别人错误的乘车行为时，可以主动说出来。

（五）活动评价

本次活动通过游戏化的情境、体验式游戏活动等方式引导幼儿全面掌握乘坐交通工具的安全知识。幼儿在观察、辨别、体验不同活动中掌握了乘坐交通工具的规则，树立了安全意识；学会辨识和判断正确的乘车行为并通过课件层层递进，使幼儿能够辨别正确的乘车行为和错误的乘车行为；通过游戏体验和观看动画片，帮助幼儿进一步使幼儿能够理解乘坐交通工具时需要注意什么，帮助幼儿全面掌握乘坐交通工具的安全知识。

（六）活动延伸

在一日生活中，教师向幼儿介绍关于安全乘坐交通工具的知识，如在排队、散步、自主游戏环节，教师对幼儿进行讲解，帮助幼儿进一步掌握安全知识。

在阅读区投放各种正确的乘车行为和错误的乘车行为图片，如幼儿在乘坐交通工具时安静坐好，不能吃带棒的食品、反向跪坐、向窗外扔东西、独自留在车里等，引导幼儿观察、辨别，与同伴交流正确的乘坐交通工具的知识。

在角色区投放小轿车、公共汽车、方向盘等游戏材料，引导幼儿进行角色游戏“公共汽车开啦”，帮助幼儿在游戏中进一步体验、掌握乘坐交通工具的安全知识。

建议家长在日常生活中引导幼儿掌握安全乘坐交通工具的知识。家长还可以带幼儿通过查阅图书资料、讨论交流、亲子游戏等方式帮助幼儿掌握安全乘坐交通工具的知识。

（七）参考资源

汽车后面不能藏

（乌鲁木齐红旗幼儿园　阿依古丽）

小妞妞，捉迷藏，汽车后面不能藏。

发现汽车要开车，尽快走开不停留。

中班活动 4：电梯会“咬人”

（一）活动背景

随着国家城市化进程的加快，一座座高楼大厦耸立起来，孩子们每天乘坐各种电梯。面对和我们生活密切的电梯，怎样让幼儿知道乘坐电梯其实也存在很多危险因素，如何帮助幼儿提高乘梯安全意识，具备初步的自我保护能力是本次教学活动所要解决的问题。设计此活动的目的在于帮助幼儿了解乘坐电梯存在的安全隐患，以及懂得遵守乘梯安全规则，文明乘坐电梯。

（二）活动目标

第一，知道乘坐电梯时存在的安全隐患。

第二，知道乘坐电梯的规则，能够文明乘坐电梯。

第三，具有初步的自我保护意识，避免人为电梯故障的发生。

（三）活动准备

不同电梯的图片、飞行棋、水彩笔、画纸、乘坐电梯的图片(分为文明和不文明行为两种)

视频：《中国国家应急广播：动画版儿童乘坐电梯安全教育(指南)》《黑猫警长救援队——咬人的电梯》。

（四）活动过程

1. 情景引入

爸爸妈妈要带平平和安安去小姨家，平平想第一个吃到大蛋糕，就自己先去乘坐电梯了，我们看看发生了什么事……

2. 了解乘坐直梯存在的安全隐患

观看视频：《中国国家应急广播：动画版儿童乘坐电梯安全教育(指南)》，了解乘坐电梯存在的安全隐患。(内容：平平靠在电梯门上，门一开，平平摔了进去，在电梯门快要关上的时候，他用手去扒门，还在电梯里跳来跳去，导致电梯故障)

(引导幼儿讨论)

平平在等电梯时靠在哪里？门开了发生了什么危险？

在电梯门要关上的时候，平平做了什么事？他的好朋友豆豆说了什么？

在电梯里面，平平做了什么？他这样跳引起了什么后果？

小朋友，你们在乘电梯时也和他一样吗？你想对平平说些什么？

小结：等电梯时不能靠在电梯门上，不能用手扒电梯门，在电梯里也不能跳来跳去，不然电梯会发生故障。

3. 了解乘坐扶梯存在的安全隐患

出示扶梯的图片，请小朋友说说它的名称，在哪里乘坐过。

观看视频《黑猫警长救援队——咬人的电梯》(内容为多奔和乐乐拿扶梯当玩具，没站稳，摔倒了，还夹到了手)。

师：多奔和乐乐今天也要乘坐扶梯，我们看看，他们发生了什么事。

(引导幼儿讨论)

教师：多奔和乐乐在扶梯上都做什么了?

发生了什么事故?

为什么在扶梯上发生事故，会使小朋友的手被咬住?

救援队的工作人员是怎样说的?

(电动扶梯不是用来玩的，这样做很危险，多奔的手可能会受伤，电梯停运还会影响别人)

4. 幼儿讨论交流

师：小朋友在乘坐电梯时要怎样保护自己不受到伤害?如何安全、文明地乘坐电梯?

小结：等电梯时，不倚靠电梯门，不扒电梯门，在电梯里安静地等待，不乱按、也不蹦跳。在扶梯上靠右侧站，不拿扶梯当玩具，遵守乘坐电梯的规则，做一个文明乘梯人。

5. 分组活动

第一组：玩“文明乘坐电梯飞行棋”。规则：3～4 人一组，掷色子，根据点数在飞行棋上走相应的步数，看看所走步数是文明行为还是不文明行为，进行相应的奖励或惩罚。

第二组：画一画我喜欢的电梯。请小朋友在画纸上画一画见过的、喜欢的电梯。

第三组：提供乘坐电梯的图片，请小朋友找出来哪些乘坐方式是文明的，哪些是不文明的。

(五)活动评价

幼儿是否能意识到乘坐电梯有一定的安全隐患，知道有哪些不文明、不安全的乘梯行为；幼儿是否能大胆表达自己对安全、文明乘坐电梯的观点。

（六）活动延伸

在区域活动中投放“文明乘坐电梯飞行棋”，让幼儿在游戏中体验安全、文明的行为。

家长带幼儿在公共场所乘坐电梯时，引导幼儿观察、讨论文明、不文明的乘梯行为。

（七）参考资源

幼儿乘坐电梯注意事项。

①不要让幼儿单独乘坐升降电梯，因为遇到危急情况幼儿无法做出正确的自救行为，容易发生危险。

②与幼儿一起乘坐电梯时，不要让幼儿拍打已经闭合的轿厢门，如果门突然打开，幼儿的手很可能随着打开的门被夹进缝隙里。

③一旦真的被夹进缝里，家长不要慌张，要镇定，千万不要按开门或关门键，会弄伤幼儿的手，要使劲地往外推轿厢的门，在推门的瞬间把幼儿的手轻轻地拿出就可以了。

④幼儿乘坐电梯时不要在轿厢内乱蹦，容易使电梯的缆绳发生故障，急速上升或是急速下降，后果不堪设想。

⑤在乘坐电梯时如果发生电梯故障，家长只需按下紧急按钮等待救援，千万不要用手扒开轿厢门，这样更加危险，如果此时电梯正处在两层楼的夹缝，不慎跌落夹缝更加的危险。

⑥幼儿坐扶梯时应注意不要让幼儿蹦跳，要靠扶梯右边站立，可以一手紧握扶手带，防止被人推挤等意外情况摔倒，不要让幼儿自行在电梯处玩耍。

⑦家长不能让幼儿单独乘坐自动扶梯，尤其是快要走出扶梯或要上扶梯的那一刻，家长要时刻看护幼儿或者直接抱着幼儿通过，防止意外情况发生。

五、 主题单元幼儿表现评估

主题__________

班级__________　　幼儿姓名__________　　教师姓名__________

评价者__________　　日期__________

评估准则：完全掌握或做到为 4 分；有时掌握或做到为 3 分；初步掌握或做到为 2 分；暂未掌握或做到为 1 分。

学习目标	具体表现	1 分	2 分	3 分	4 分
1. 认识周围生活中常见的交通标志，知道交通标志的重要性					
2. 知道走地下通道、过街天桥是文明过马路的常见方式，并能说出安全注意事项					
3. 了解有关乘车、乘坐电梯安全方面的知识，能够遵守规则，文明出行					
4. 能在生活中发现他人不当的交通行为，树立初步的交通安全自我保护意识					

中班社会安全

一、 主题单元背景资料

社会安全是针对社会事件的安全措施、对策、知识等。社会事件主要包括拐卖、走失、恐怖袭击和群体性事件等。

中班幼儿已经知道不跟陌生人走，不要陌生人的食物，不去人多的地方，用躲避的方式保护自己等避开危险的知识，但对于4~5岁的幼儿来说，他们辨别是非的能力较弱，面对危险的时候，解决问题和应变能力不足，所以他们在遇到危险时仍会束手无措。在很多情况下，掌握一些简单而有效的方法，可以让幼儿在面对危险时获得帮助。因此，保护幼儿的同时，也应教给幼儿必要的防范方法，提高幼儿的自我保护能力。

在本主题单元的学习中，我们将把社会安全内容融入情境和游戏中，注重幼儿的亲身感受，注重幼儿思维的扩展。幼儿将在体验游戏、童话剧表演、谈话讨论中习得自我保护的方法，丰富社会安全知识，提高安全意识。在整个活动中，教师鼓励幼儿大胆说出自己的想法，并用文字、符号、图画来表达自己的想法，从而促进幼儿口头语言的发展以及书写兴趣的培养。

二、 主题单元目标

第一，了解跟陌生人走的危险，初步掌握防拐骗的方法。

第二，了解一些简单的求助方式，如果迷路走丢了，知道向谁求助。

第三，了解踩踏事故的原因。

第四，初步认识危险分子的特征，了解危险分子带来的危害。

第五，在危险分子袭击时，能够用快闪、快跑等技能躲避袭击。

三、 主题单元环境创设

（一）墙饰创设

1. 我不跟你走

“巫婆的诡计”：根据童话剧《白雪公主历险记》进行讨论。巫婆用了哪些方法欺骗白雪公主，还会用到哪些方法？引导幼儿将讨论的结果以绘画的形式呈现出来。

“机智如我”：当遇到陌生人拐骗小朋友时，怎样自我保护？采用亲子绘制记录表的形式将幼儿与家长共同收集和记录的“可以跟谁走”“防拐我最行”内容粘贴并分享，通过内容的记录帮助幼儿掌握防拐骗的方法。

“奇思妙想”：用照片的形式记录幼儿为童话剧《白雪公主历险记》制作服装、道具的过程以及发现和解决问题的方法。鼓励幼儿大胆创编故事，运用绘画和符号的方式记录创编内容进行展示。

2. 走丢了怎么办

“谁可以帮助我”：引导幼儿讨论，当走失时，可以向谁求助？为幼儿提供不同的图片场景(公园、商场、小区、马路等)，幼儿根据自己的理解将对应的求助人物画下来(警察、售货员、军人、交警等)，并贴在相应的位置。

“迷路走失不惊慌”：低墙面设置，幼儿将走失后所采取的正确方法画出来并做成转盘。幼儿可一边操作一边说出迷路时能用的方法。

3. 危险的踩踏事件

“拥挤地方有哪里”：幼儿通过绘画或符号的方式将拥挤的地方画出来，并张贴在主题墙上，让幼儿更加了解有哪些地方拥挤，知道远离人多的地方。

“这些地方要注意”：请幼儿找一找幼儿园周围容易发生踩踏事件的地方，并拍照展示出来。

“防踩踏有一套”：此板块主要体现发生拥挤和踩踏时的处理方法和自救的内容；将幼儿想到的防踩踏办法用绘画的方式粘贴于此，并请幼儿介绍发生拥挤和踩踏事件时的注意事项和自我保护的方法。

4. 躲避小能手

活动前请幼儿画一画、找一找他认为的“坏人”是什么样的，并展示在墙上。活动结束后请幼儿画一画躲避坏人的方法有哪些。

（二）区域活动

1. 图书区

根据主题活动的开展，投放相应的绘本《我不跟你走》《小小迷路了》《迷路的小兔》《迷路的小熊》《哎呀，哥哥跑哪儿去了》《迷路了，我该怎么办》《白雪公主和七个小矮人》等，提高幼儿防拐骗和自我保护意识。

在新闻角中结合相应的主题，将家长与幼儿共同收集的关于幼儿走失、被拐、踩踏事件的新闻或是幼儿画出的相关内容，用图文并茂的方式展示出来，供幼儿翻阅，或是让幼儿以新闻播报的方式为小朋友介绍和宣传遇到危险时安全自救的方法。

安全自制小图书：在主题活动中，引导幼儿自制安全小图书，将幼儿画出的自救方法、注意事项等装订成书投放在区域中，丰富幼儿自我防护的认识和经验。

2. 美工区

为幼儿提供低结构材料、各种质地的纸张、颜料、水彩笔等多种材料，幼儿可以制作童话剧《白雪公主历险记》的表演头饰、服装和道具。

让幼儿画出温馨提示的标志牌并进行粘贴。

3. 表演区

①玩音乐游戏“布谷鸟”幼儿可以跟着节奏进一步辨别可以跟谁走。

②播放音乐《我不上你的当》，幼儿进行自主表演。

③将幼儿制作好的白雪公主、巫婆、老奶奶、苹果、大树、小草头饰和道具投入区域，幼儿自主选择角色进行表演。

④提供警察、军人、护士、消防员、售货员的道具帽子，供幼儿进行角色扮演。

4. 益智区

①教师自制防走失、防踩踏、防恐防暴的安全棋盘，供幼儿玩下棋游戏。

②提供纸杯(如果没有纸杯，可以用盒子、碗等不透明的容器来替代)，不同的职业人物卡片(如警察、军人、商场售货员、医生)，相关联的提示卡片(110、120、119电话号码、商场、服装、国旗等)供幼儿玩记忆游戏“对对碰”。

（三）班级文化

1. 关注幼儿学习方式，让幼儿轻松掌握安全知识

在一日生活中，要遵循幼儿的年龄特点，采用幼儿喜爱的卡通形象，多以趣味性、游戏性的活动形式为主。例如，听故事、木偶表演、音乐游戏、亲身体验等，通过讲讲、玩玩、做做这些实践操作活动，进一步巩固、渗透幼儿所学的安全知识。这样不仅能满足幼儿五大领域的发展，又能让幼儿更好地掌握所学的安全知识。

2. 利用随机教育进行安全教育，增强幼儿安全保护意识

生活中到处存在安全隐患，随机教育可以弥补集体教育涵盖面窄的缺点，更开放、更全面。离园时，提醒幼儿牵好家长的手；外出时，提醒幼儿不去拥挤的地方；人多时，提醒幼儿排队等候……这些都是利用危险出现的特定场所和时间，对幼儿加以引导，帮助幼儿了解周围环境中不安全的事物，教导幼儿不做危险的事情。

3. 利用家园共育提高家长对幼儿社会安全教育的意识

有的家长防拐骗意识不强，有的家长安全意识不够，有的家长找不到适宜的方法来提高幼儿的社会安全意识。在活动中邀请家长共同讨论教育活动，让幼儿与父母讨论：为什么不能跟陌生人走？跟陌生人走的危害有哪些？坏人来了，我们可以做什么？然后向家长分享游戏、儿歌、故事，以情景表演等适宜的方法和策略，丰富家长的教育指导方法。

四、主题单元教育活动方案

中班活动1：白雪公主历险记

（一）活动背景

4~5岁幼儿辨别是非能力较弱，不能很好地辨别哪些是陌生人。他们认为

见过面、说过话的就不是陌生人，所以往往容易听信别人的谎话或受物质的引诱。在关注孩子、保护孩子的同时，教师应教给幼儿必要的防范方法，提高幼儿的自我保护能力。为此设计“白雪公主历险记”活动，让幼儿掌握防拐骗的方法，进一步分清熟悉的人和陌生人。

（二）活动目标

第一，进一步了解和陌生人走的危险，掌握防拐骗的方法。

第二，进一步明确不能跟哪些人走。

（三）活动准备

白雪公主、巫婆、老奶奶的道具服装，大树、草地、山洞标志的背景道具，篮子、苹果的实物道具。

（四）活动过程

1. 观看童话剧“白雪公主历险记”

第一场　陌生人的东西不能吃

（场景：小木屋　演员：白雪公主、巫婆）

旁白：白雪公主和七个小矮人一起快乐地生活着。巫婆觉得白雪公主长得比她漂亮，所以决定毒害白雪公主。巫婆用恶毒的咒语制作了一个毒苹果。一天，白雪公主在打扫房间，这时巫婆来到小木屋。

巫婆：有人在家吗？（敲门）

白雪公主：（开门）您好，我能帮您什么忙呢？

巫婆：公主，你看，我的苹果又红又甜，给你吃一个吧。（拿出一个苹果给公主）

师：如果你们是公主，你会怎么办？

师：我们快提醒公主不要吃陌生人的东西吧！（幼儿一起说：“不能吃陌生人给的食物。”）

白雪公主：可是我从来没见过你，我不认识你，我不吃。（摇手）

巫婆：你吃吧，你吃吧，吃了这个苹果，会变得很美丽。（表情很着急）

白雪公主：我不认识你，我不吃。（双手摇手）

（巫婆退场）

第二场　不能说的秘密

(场景：森林　演员：白雪公主、猎人)

旁白：有一天，白雪公主去森林里采蘑菇，结果迷路了，她十分着急。巫婆看见了，觉得是个好机会，于是用魔法，将自己变成了猎人。

猎人：小姑娘，你怎么了？

(白雪公主摇摇头没有理会猎人)

猎人：你是不是迷路了？你的家在哪里？我带你去吧？

白雪公主：我不认识你，这是秘密不能告诉你。

师：白雪公主的秘密是什么？如果是你，你会怎么办？

猎人：那你家里的电话是多少？我帮你打电话，请你家人来接你吧！

白雪公主：我不认识你，这是秘密不能告诉你。

师：为什么白雪公主不告诉猎人家庭住址和电话号码？

第三场　误食毒果

(场景：森林、山洞　演员：白雪公主、老奶奶)

旁白：巫婆没有骗到白雪公主，她十分愤怒，心想，白雪公主是因为不认识自己才不吃苹果的。于是她想出了一个坏点子，变成白雪公主认识的人，再来骗走白雪公主，把她变成石头关到山洞里。巫婆摇身一变，变成了白雪公主曾经见过几次面，说过几次话的老奶奶。

老奶奶：白雪公主，你好呀！

白雪公主：你好，我认识你吗？

老奶奶：是呀，我知道你叫白雪公主，知道你和七个小矮人住在一起，原来我们还一起摘过花朵，你再想想。

白雪公主：是呀，想起来了，你是老奶奶。

老奶奶：白雪公主，你去我家玩玩吧！我家有好玩的芭比公主。

白雪公主：我不去。

老奶奶：(假装生气)我们是认识的人呀，快走吧！

白雪公主：我认识你，好吧。(跟着巫婆来到山洞里。巫婆一挥手，把白雪公主变成了石头)

(白雪公主啊的一声，变成石头，昏倒在地)

老奶奶：哈……哈……哈！(狂笑)你变成了石头，我现在又是世界上最美丽的人啦！(一边说一边退场)

2. 通过讨论，掌握防拐骗的方法

师：巫婆都用了哪些方法来欺骗白雪公主？如果白雪公主不上当，巫婆还可能用哪些方法来欺骗白雪公主？

小结：陌生人中可能有坏人，坏人会用好吃的食物、有趣的玩具，或者说好听的话……(运用小朋友的回答进行总结)骗小孩，把小孩骗走，使我们再也不能回自己的家。遇到陌生人提出的请求我们要懂得拒绝，不能随便跟陌生人离开，面对陌生人给的食物也不能随便接受，不能将家庭信息告诉陌生人。

师：如果你是白雪公主，你会怎么做？

小结：小朋友都是防拐骗的小能手，知道如果不是家人接自己放学，要向老师报告，陌生人给东西千万不能要，陌生人想要把你抱走，一定要撒腿就跑，遇见坏人要大声呼叫并往人多的地方跑，不独自去玩耍，有人搭讪不回答，叫你上车别理他。牢牢记住爸妈的电话号码。

3. 通过谈话，进一步区分家人和陌生人

师：在离园时，我们能跟哪些人走呢？(幼儿自由回答)

如果你在小区、公园玩耍时，能跟那些人走呢？(幼儿自由回答)

小结：小朋友只能跟爸爸妈妈、爷爷奶奶、外公外婆走，因为这些才是我们熟悉的人，其他的叔叔阿姨，隔壁邻居、小区里经常看见的阿姨、帮家里维修的叔叔等，他们虽然和我们见过面或说过话，但我们没有和他们生活在一起，不了解，不熟悉，所以他们也是陌生人。只要不是爸爸妈妈指定的人，那么我们绝对不能跟任何一个陌生人走，也不能吃他们给的东西。

(五)活动评价

幼儿通过童话剧了解有哪些防骗方法，能够做到不轻信陌生人所说的话，不透露家庭信息，懂得拒绝陌生人的请求来保护自己，不上陌生人的当。

（六）活动延伸

1. 选择性延伸游戏（教师可根据本班幼儿发展水平及兴趣，自主选择以下活动）

游戏一："看图拍节拍"

游戏目的：①进一步分清熟悉的人和陌生人。②能用动作敲打节拍和节奏。

游戏准备：音乐《布谷鸟》，纸盘（碗），图片（熟悉的家人照片、陌生人拿糖照片、玩具照片）

玩法一：将幼儿的家人和陌生人的照片分别装入四个纸盘内，幼儿根据音乐节拍和图片内容用口令来表示。看见熟悉的人，幼儿发出口令"走"。看见陌生人照片，幼儿发出口令"停"。四个盘子里依次放着：熟悉的家人照片、陌生人照片、陌生人照片、熟悉的家人照片。幼儿边听音乐节奏边说出：走、停、走、停。游戏反复，直到音乐停止。

玩法二：当幼儿熟悉游戏玩法后，可将口令变成"拍手""握拳"。游戏中"拍手"代表熟悉的家人，"握拳"代表陌生的人。幼儿边听音乐节奏边看照片做动作（幼儿可以用其他动作来表示）。

指导要点：教师可根据幼儿的发展水平，先从听音乐拍节奏开始，再玩看照片做动作的游戏，最后到边听音乐节奏边看照片做动作。

2. 区域活动延伸

语言区：投放绘本《我不跟你走》，幼儿自主阅读，提高幼儿安全意识。

美工区：投放低结构材料、各种纸，供幼儿设计和制作童话剧《白雪公主历险记》的服装和道具等。

表演区：幼儿根据童话剧内容自主选择相应角色进行表演，提高幼儿防骗意识；教师可鼓励和引导幼儿创编和改编童话剧《白雪公主历险记》。还可投放音乐《我不上你的当》让幼儿进行歌舞表演。

新闻角：将孩子们收集到的关于幼儿走失、被拐的新闻，用图文并茂的方式展示在新闻角中，供幼儿进行新闻播报。

3. 家园亲子活动延伸

①家长和幼儿共同制作"我可以跟谁走"的调查表格。

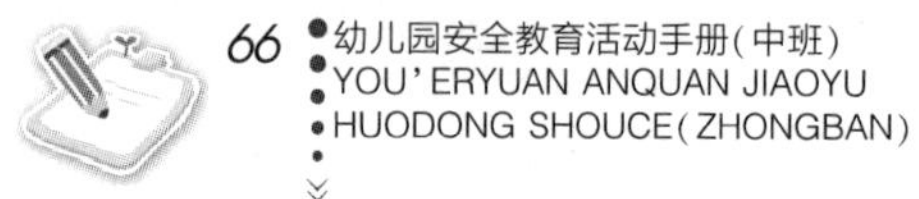

表格范例：

我可以跟谁走
 (用绘画和符号等方式进行记录)
姓名：
1. 在离园时，我可以跟谁走？
2. 在小区、公园玩耍时，我可以跟谁走？

②家长和幼儿共同制作“防拐骗，我最行”的调查问卷。

防拐骗，我最行！
 (用绘画和符号等方式进行记录)
姓名：
1. 坏人会用哪些方法拐骗小朋友？

2. 面对坏人的拐骗，我们可以怎么做？

(1) 不说话转身走

(2) 如果被抱住，大声呼喊，抓住身边的物体，如栏杆、门框等

（七）参考资源

1. 儿歌

我不认识你

我不认识你，你不认识我。
你来靠近我，为的是什么？
我不认识你，你不认识我。
你给我糖果，我不伸手摸。
我不认识你，你不认识我。
要我跟你走，我才不上当。

2. 参考书目

[德]达柯玛尔·盖斯勒．我不跟你走．康萍萍，译．沈阳：辽宁人民出版社，2016.

中班活动 2：危险的踩踏事件

（一）活动背景

踩踏事件使许多人失去了生命。如果发生踩踏事件，幼儿相比较成人来说，受伤害的概率大了很多。《3—6 岁儿童学习与发展指南》中指出，中班幼儿应学习简单的自护自救方法，进一步提高安全防范意识和自我保护能力。设计体验活动“危险的踩踏事件”，是为了让幼儿了解人多拥挤时的安全隐患，了解踩踏事故发生的原因，初步掌握防止踩踏及发生踩踏事故后的自我保护方法。

（二）活动目标

第一，了解踩踏事故发生的原因。

第二，初步掌握防止踩踏及发生踩踏事故后的自我保护方法。

(三)活动准备

报纸、踩踏事件视频。

(四)活动过程

1. 热身游戏“救生艇”

玩体验游戏“救生艇”，出示报纸当作救生艇，介绍游戏玩法和规则(教师记录幼儿的游戏过程)。

游戏玩法：根据班级幼儿人数，将幼儿分成若干小组，每组6~7人，每组分发一张报纸当救生艇。小组人员站在救生艇(一张铺开的报纸)前，教师发出口令：上救生艇，5秒钟内所有幼儿把脚放到报纸内，并坚持3秒钟，接着教师发出“救生艇变小了”的口令，每一组根据口令改变报纸大小，然后继续游戏。直到幼儿不能在报纸上站立，游戏结束。

游戏规则：①5秒内所有幼儿必须站在报纸上。②每次听到“救生艇变小了”口令后，都要将报纸对折一次，使报纸变小。

(游戏后讨论)

师：刚才你们站在最小的救生艇中，全部抱在一起，是什么感觉？(幼儿自由回答)

(教师出示幼儿在游戏中摔倒的照片并提问)

师：你们为什么会摔倒？

小结：(用幼儿发言的感受进行小结)人多时容易出现拥挤，在拥挤的过程中我们会感到难受、你推我挤或呼吸困难，还可能摔倒，有时还会受伤。因此，小朋友们尽量不要去人多的地方。

2. 观看踩踏事件的视频，了解造成踩踏事故的原因

师：我们一起来看看拥挤时还会出现哪些危险。(播放踩踏事件的视频)

师：为什么会发生踩踏事件呢？(幼儿大胆发表自己的见解)

小结：人多拥挤时，整个队伍都在移动，如有人意外跌落，后面的人依然前行，就会发生人踩人的踩踏现象。

3. 小组讨论

师：如果发生踩踏事件，我们应该如何保护自己？

小结：①人多的地方尽量不去；②在人群中出现拥挤时，一定要双脚站稳；③当遭遇拥挤的人流时，一定不要蹲下，即便物品掉落或是鞋子被踩掉，也不要弯腰提鞋或捡物品；④如有可能，抓住一样坚固牢靠的东西，如路灯柱之类。

（五）活动评价

幼儿在游戏中可以亲身感受拥挤时的危险，能将游戏中的感受大胆表达出来，通过观看视频，了解踩踏事件是在人多拥挤的时候发生的，知道尽量避免去人多的地方。在讨论如果发生踩踏事件时的自救方法时，幼儿能大胆表达，发表自己的见解。

（六）活动延伸

1. 选择性延伸活动（教师可根据本班幼儿发展水平及兴趣，自主选择以下活动）

游戏一：抢椅子。

游戏目的：感受拥挤的危险，知道游戏中不推挤，与同伴友好相处。

游戏准备：椅子、音乐。

游戏玩法：游戏开始前先把凳子摆成一个圆圈（按参与幼儿减一计算，即N张凳子，N+1人），然后，参与幼儿在凳子外面围成一个圆圈，当教师放音乐时，参与幼儿沿着圆圈顺时针或逆时针跑动。当音乐暂停时，参与幼儿要迅速抢到一张凳子坐下，没有抢到凳子的幼儿将被淘汰，然后去掉一把凳子，依次类推，直到剩下两个人一个板凳，选出最后胜出者。

游戏规则：不能插队，听教师指挥。所有椅子都坐上人后，被淘汰的人不得再去争抢椅子。

指导要点：如果幼儿在游戏中出现拥挤的现象，请幼儿说出拥挤的危险和感受，提醒幼儿在游戏中不推挤、不争抢。

游戏二：人多的地方有哪些？（拍手问答游戏）

游戏目的：说出哪些是人多拥挤的地方，知道尽量不去人多的地方。

游戏玩法：教师和小朋友围成一个圈，教师发出口令：人多的地方有哪些？以节奏拍手并提问幼儿的方式进行游戏。例如，教师念“人多的”口令时，拍一次手，念“地方”口令时，拍一次腿，念“有哪”口令时，拍第二次手，念“些”口令时，拍第二次腿。幼儿根据口令的节奏边拍手边回答：人多的地方有××（商场）。幼儿依次边拍手边回答。

游戏规则：必须按照拍手的节奏回答问题，回答错误的幼儿停止游戏一次。

指导要点：教师可根据幼儿游戏水平和熟练程度，调整节奏的快慢；也可改变游戏形式，例如，男生问，女生答，个别幼儿问，集体回答等多种形式交叉进行游戏。

2. 区域活动延伸

图书区：幼儿尝试用绘画和符号的方式表现发生踩踏事件时的自我保护方法，将幼儿的画装订起来，投放在图书区供幼儿自行翻阅。

美工区：引导幼儿设计“不推挤”的温馨提示，并张贴在容易出现拥挤的地方，培养幼儿的安全意识。

3. 家园亲子活动延伸

少带幼儿去人多的地方，要牵好幼儿的手。

利用生活中的随机教育提升幼儿的安全意识。例如，在商场买东西时，引导幼儿排队，不拥挤等。

（七）参考资源

防踩踏

小朋友要牢记，举止文明不拥挤。

自己绊倒蜷成球，双手紧扣在颈后。

预防踩踏很关键，自我保护是第一。

中班活动3：迷路有办法

（一）活动背景

随着社会的进步与发展，人们在物质文化方面的要求日益提高，幼儿的日常生活也变得五彩缤纷。新鲜事、新奇物多了，幼儿的好奇心和探索的欲望也逐步增加。但他们对自己和外界的认知十分有限，无法规避不安全的因素。由于年龄较小，安全意识相对薄弱，缺乏自我防范意识，当出现与大人走丢迷路的情况时，幼儿就会手足无措。这也是家长和教师们担心的问题。在《幼儿园教育指导纲要(试行)》中也明确指出：“幼儿园必须把保护幼儿的生命和促进幼儿的健康放在工作的首位。”设计此次活动，目的是用游戏、体验等方式让幼儿掌握一些迷路后的自救方法。

（二）活动目标

第一，知道简单的求助方式。

第二，遇到走失的情况时，除了在原地等候家长，知道还可以找哪些人求助。

第三，正确说出家庭的简单信息。

（三）活动准备

每人一个眼罩，音频(打雷下雨、汽车喇叭、紧急刹车、小贩吆喝等声音)，穿工作服的人的图片各一张(如警察、军人、保安、售货员等)，求助信息图。

（四）活动过程

1. 体验游戏：蒙眼听音

师：小朋友们，你们有迷路的经历吗？当你迷路时，是什么样的感受？

师：今天，我们来体验一下找不到路，找不到家长的感受。

体验一：用眼罩蒙住幼儿的眼睛。

师：眼睛被蒙住，就像我们走失时找不到路，你们都有什么样的感受？(鼓励幼儿大胆讲出自己的感受)

体验二：教师播放音频(打雷下雨、汽车喇叭、紧急刹车、小贩吆喝等声音)。

师：小朋友们蒙着眼睛听到这些声音时又有什么感受？(鼓励幼儿大胆讲出自己的感受)

小结：小朋友们都能够说出自己的感受，有的感到害怕，有的感到着急，还有的除了感到恐惧还想哭。如果我们在街上走丢迷路了，看不到爸爸妈妈同样也会有这些感受。

2. 了解简单的求助方式

师：小朋友们如果和爸爸妈妈走失迷路了，应该怎么办？(引导幼儿大胆讲出自己的想法)

小结：我们可以站在原地等待家长，还可以向一些信任的人求助。

3. 知道遇到走失的情况时，还可以找哪些人求助

出示穿制服及工作服人物图片，了解走失时可以找哪些人求助。

师：他们是谁？你们认识吗？

小结：小朋友们如果走失了，除了不哭、不闹，站在原地等爸爸妈妈以外，还可以找到图片上穿着制服和工作服的人寻求帮助。

师：找到他们后，小朋友怎样寻求帮助，才能很快地找到家人呢？(鼓励幼儿大胆表达)教师将小朋友想的办法用简笔画的方式快速画在白纸上。

小结：求助时要向求助的人清楚、完整地说出自己家庭的住址、家人的姓名、电话号码，这样才能很快地找到家人。

4. 玩游戏“你是谁”，正确说出家庭的简单信息

游戏玩法：教师请任意一名幼儿扮迷路的幼儿，并随意出示求助信息图。游戏开始后，其他幼儿根据教师出示的求助信息图进行提问。如出示的是房子图案的求助图(表示要说出家庭住址)，迷路幼儿(做敲门动作)说：“咚咚咚。”其他幼儿问：“你是谁?”迷路幼儿说：“我是迷路的×××。”其他幼儿问：“你家住哪里?”迷路幼儿说：“我家住××××。”其他幼儿说：“到家了!”迷路幼儿任意站在一个小朋友面前，并对这个小朋友说：“谢谢您!”该幼儿就轮换当迷路人，游戏继续进行。

游戏规则：在问答游戏中，迷路幼儿要根据提问进行回答，当回答错误时，提问幼儿要说：“不能到家。”迷路幼儿停止本次游戏，换另一名幼儿继续游戏。

(五)活动评价

在体验游戏后，幼儿能够大胆讲出自己的感受，对信任的人有进一步的认识，知道迷路时应找谁求救，知道寻求帮助的方法。通过游戏，加强幼儿对父母名字、电话、住址的认知，逐步增强幼儿的自我保护能力。

(六)活动延伸

1. 选择性延伸活动

游戏一：“快乐传真”。

游戏目的：让幼儿进一步熟悉穿制服及工作服的人物特征，并能用动作表示。

游戏准备：音乐、图片(如警察、保安、售货员等)。

玩法一：两人游戏，一人抽图片扮演执行动作的人，并用动作比画人物的特征，另一名幼儿当猜图片的人，并猜出图上的人物。猜对的幼儿获得本张图片，然后双方交换角色，游戏继续。如猜错，图片收回，交换角色后，游戏继续。游戏最后，图片多的人获胜。

玩法二：多人游戏，幼儿排成一个纵队，教师手拿图片。第一位幼儿面朝图片站好，后面的幼儿背对图片。由第一个幼儿任意抽一张人物图片，并根据人物图片用动作比画，传递给第二个幼儿，然后依次传递动作到最后一个幼儿，最后一个幼儿说出答案。如答对，本组幼儿获得一张小贴纸，答错则不能获得小贴纸。

游戏二：记忆游戏“对对碰”。

游戏目的：快速记忆卡片上的人物及号码位置，运用排除法进行配对。

游戏准备：6 个纸杯(如果没有纸杯，可以用盒子、碗等不透明的容器来替代)；不同的职业人物卡片(如警察、商场售货员、医生)，相关联的提示卡片(110、120、119 电话号码，商场，服装等)。

玩法：2 个人为一组，先将 3 张人物小卡片和 3 张相对应的提示卡片，打乱顺序后摆放在桌子中间，两人轮流拍 10 次手作为记忆的计时器分别记住卡片位置。记忆时间结束后，用纸杯把卡片盖住。然后两人猜拳，胜者先任意翻开一个杯子，输的一方要根据翻出来的人物卡片，找出和它相对应的卡片进行配对(如警察配 110 等)。如果找错，则将纸杯盖回原处，继续找。配对成功，两张卡片就归自己，当只剩下一对卡片时，猜拳获胜者获得。最后卡片配对多的一方获胜。

游戏规则：每次只能翻一个杯子，配对成功才能获得卡片。

2. 区域活动延伸

图书区：投放故事绘本《迷路的小熊》《我才没迷路呢!》《迷路了我该怎么办》供幼儿阅读，让幼儿更深刻地理解迷路的心情和能采用的方法。

表演区：歌曲《迷路的小花鸭》，让幼儿欣赏并用自己喜欢的方式进行表演。

3. 家园亲子活动延伸

在家中可以与幼儿进行情景表演，加强幼儿对家庭信息的了解。家长还可以告知幼儿在寻求别人帮助时应该将正确、清楚的信息告诉他人，并要有礼貌，会说谢谢。

（七）参考资源

[爱尔兰]克里斯·霍顿．小小迷路了．李美妮，译．北京：北京联合出版公司，2014.

[美]卡迪尔·尼尔森．迷路的小熊．妮妮，译．北京：北京联合出版公司，2016.

[德]朱莉亚·弗默特(文)，苏珊娜·塞妮(图)．迷路了我该怎么办?．罗星，译．北京：石油工业出版社，2017.

[日]板桥雅弘(文)，茂利胜彦(图)．我才没迷路呢!．李丹，译．太原：希望出版社，2017.

中班活动 4：躲避小能手

（一）活动背景

《幼儿园教育指导纲要(试行)》中指出，幼儿园必须把保护幼儿的生命和促进幼儿的健康放在工作的首位。近几年中，不少校园、公共场所等地方遭遇了危险分子的袭击。这些恶性事件的发生，为我们敲响了安全教育的警钟。

4~5 岁幼儿安全意识薄弱，安全防护能力较差，但动作能力明显发展起来，具有一定平衡、躲闪的能力，动作比小班更加协调、灵敏。在遇到危险分子袭击时，躲避、躲闪是保护自己的好方法。因此，根据中班幼儿的发展水平，我们设计“躲避小能手”的活动，旨在让幼儿在游戏中学会当遇到危险分子袭击时，运用快闪、快跑等技能进行自我保护。

（二）活动目标

第一，进一步识别危险分子，了解危险分子带来的危害。

第二，知道遇到危险分子袭击时，能够用快闪、快跑等技能躲避袭击。

（三）活动准备

注意力游戏“快快找出来”PPT，毛巾若干。

（四）活动过程

1. 玩游戏“快快找出来”，进一步识别危险分子

师：小朋友们，你们知道危险分子是什么样的吗？（幼儿根据已有经验自由回答）

师：有一些危险分子隐藏在人群里，我们一起来当小侦探，把他们找出来。

游戏玩法一：教师出示PPT（一张PPT上呈现三个人物，两个不同行业的人，一个危险分子形象），幼儿用30秒的时间记住危险分子的形象，教师将PPT关掉，幼儿说出危险分子的形象，说对的为胜。

游戏玩法二：教师出示PPT（一张PPT上呈现三个人物，两个不同行业的人，一个危险分子形象），幼儿用30秒的时间记住危险分子排在第几，教师将PPT关掉，幼儿说出危险分子排在第几，说对的为胜。

指导要点：让幼儿表达危险分子排在第几时，可调整成排在前面、中间或后面；还可以说在谁的前面、在谁的后面；在熟悉了三个人物排序玩法的基础上，教师可在一张PPT上增加人物让幼儿进行辨别。

游戏玩法三：教师出示PPT（一张PPT上呈现三个人物，两个不同行业的人，一个危险分子形象），幼儿用30秒快速记忆他们的位置，然后，幼儿闭眼，教师将危险分子和其中一个人物的位置进行交换，幼儿睁眼，说出谁和谁进行了交换，答对为胜。

游戏规则：在听到“小侦探请闭眼”的口令时，幼儿要将眼睛闭上，不能偷看。

2. 了解危险分子带来的危害

师：这些危险分子会给我们带来哪些危害呢？（幼儿自由回答）

（出示危险分子造成危害的照片，让幼儿进一步了解危险分子带来的危害）

小结：危险分子的行为会使很多无辜者的生命和财产受到损失，让很多人失去亲人和朋友。

3. 玩游戏“躲避毛巾”

师：当小朋友遇到危险分子的袭击时，可以怎么办呢？（了解幼儿已有经验）

小结：遇见危险分子时，尽量避免和坏人肢体接触，如果危险分子在远处，小朋友就可以用躲避的方法(躲在安全、隐蔽的地方不动，不发出声音)，如果危险分子离你很近，小朋友要学会快速躲闪和快速跑开，避开坏人，不要被坏人抓住。

4. 玩游戏“躲避小能手”，练习躲闪、快速跑

游戏玩法：把毛巾当作坏人的攻击性武器，教师抓住毛巾一端向小朋友方向甩出，幼儿要迅速用左闪、右闪、跑的方式进行躲避，不要让武器伤害到自己。

玩法一：两个人玩，一人挥动毛巾，一人躲避。

玩法二：多人玩，一人挥动毛巾，其他人躲避。

游戏规则：碰到毛巾的幼儿停止游戏，最后剩下的幼儿获胜。

小结：在游戏中我们学会了躲闪、快跑的技能，小朋友都是机智的小精灵。如果以后遇到危险分子，他在远处时，我们可以找个地方躲避，并等待救援。如果危险分子离你很近，对你有攻击行为时，小朋友们一定要用这些本领躲避坏人的伤害。

(五)活动评价

在注意力游戏“快快找出来”中，幼儿能知道危险分子的基本特征，在人多时，能快速辨识危险分子，并发展观察、比较、快速记忆、语言表达等能力；在游戏“躲避小能手”中，幼儿能锻炼躲闪、快跑的能力。

(六)活动延伸

1. 选择性延伸活动

游戏一：贴人。

游戏目的：练习快速躲闪和追逐跑，锻炼幼儿的反应能力。

游戏材料：空旷的场地。(场地上画有直径 8 米的大圈)

游戏玩法：请两名幼儿站在圈外，一个当追逐者，另一个当被追逐者，其余幼儿两人一组，一前一后站在圈上，左右间隔约一步。游戏开始后，追逐者与被追逐者沿圈快跑追逐，在跑的过程中，被追逐者可跑到任何一对幼儿的前面站住(贴人)，这时被贴的这对幼儿后面的一名幼儿就变成被追逐者，并立刻沿着圈外快跑，追逐者继续追，如果被捉到则另换追逐者和被追者，如果被追者连续贴换三次仍未被捉到，就应另换追逐者，游戏重新开始。

游戏规则：跑的幼儿可以随意选择一个纵队贴在队尾不动，此队的第一名幼儿出列，并以顺时针方向开跑。

游戏二：躲避炸弹。

游戏目的：练习躲闪及快速反应的能力。

游戏材料：粉笔、沙包若干。

游戏玩法：在场地两边划两条直线作为起掷线，场地中间作为战场，圆形沙包若干当作炸弹。幼儿自主选择当投弹人或战士。投弹人分成两队，站在两边的起掷线后。游戏开始后，先由一边的投弹人在原地进行投掷，将沙包投向站在场地中间的“战士”，“战士”要快速躲避沙包。躲避后，快速转身，另一边的投弹人捡起沙包后再进行投掷。

游戏规则：投弹人不能踩线，如踩线，要罚下场地。投弹人的沙包投出后，另一边的投弹人要捡起沙包后，再投掷；如果“战士”被沙包投中身体的任何部位，则视为被投中，罚下场地，游戏继续。最后剩下的“战士”获胜。

2. 区域活动延伸

开展《我是安全小卫士》的新闻播报。每个小朋友可与家长一同收集一些宣传视频和图片等，然后利用每天的新闻播报时间，小朋友当播报员向其他幼儿宣传安全自我保护方法。

3. 家园亲子活动延伸

幼儿园通过微信群、校园网站等方式向家长进行“躲避危险分子，学会进行自我保护小常识”的宣传。

在家里或小区等地方，指定固定的范围，与幼儿玩躲猫猫的游戏，引导幼儿在遇到危险分子时，能够找安全隐蔽的地方躲好。

五、 主题单元幼儿表现评估

主题__________

班级__________　　幼儿姓名__________　　教师姓名__________

评价者＿＿＿＿＿　　日期＿＿＿＿＿

评估准则：完全掌握或做到为4分；有时掌握或做到为3分；初步掌握或做到为2分；暂未掌握或做到为1分。

学习目标	具体表现	1分	2分	3分	4分
1. 了解跟陌生人走的危险，初步掌握防拐骗的方法					
2. 了解一些简单的求助方式，如果迷路走丢了，知道向谁求助					
3. 了解踩踏事故造成的原因					
4. 初步认识危险分子的特征，了解危险分子带来的危害					
5. 当危险分子发生袭击时，能够用快闪、快跑等技能躲避袭击					

中班居家安全

一、 主题单元背景资料

家是充满安全感和舒适感的地方，但是也存在着安全隐患。中班幼儿生性好动，自我控制能力弱，但他们对很多事情又充满好奇，活动频率高、范围广，缺乏生活经验和认知经验的幼儿无法预见自己行为将产生的后果，因此在家庭中发生的幼儿伤害事故远远高于其他伤害事故。

本主题针对居家生活中存在的安全隐患，在满足幼儿好奇心的同时，丰富他们对家中洗手间、厨房里的各种物品的认知，帮助他们学会和宠物相处的正确方式等，通过操作、游戏、亲身体验等形式了解居家生活中的其他不安全因素，提高幼儿的自我保护意识，并提升幼儿应对事故发生后自我处理的能力，学会简单的急救方法，让急救成为一种技能，为幼儿的健康成长打下安全的防护基础。

二、 主题单元目标

第一，进一步认识、了解居家生活中的各类物品及作用，掌握正确的使用方法。

第二，通过多种途径了解居家生活存在的安全隐患，提高自我保护能力。

第三，积累居家生活经验，有基本的安全防范意识。

第四，知道与宠物相处可能发生的危险，当发生事故时，会主动寻求他人的帮助。

三、 主题单元环境创设

(一)墙饰创设

结合“居家安全”的主题活动目标及内容，将墙面创设分为以下三部分。

1. 我会用的工具

将使用工具的步骤图、方法，如使用安全剪刀、订书机等或图文并茂的儿歌图片张贴在墙面上，引导幼儿看一看、说一说，通过看图操作的方式掌握正确使用工具的方法。

2. 安全问题树

利用教学活动引导幼儿掌握居家安全常识，如居家生活中存在的安全问题、发生事故后自我处理的方法等，根据教学内容将居家安全问题或幼儿提出的相关问题用图画的形式展示在安全问题树上，幼儿每次可以选择一个问题去寻找答案，从而巩固、拓展幼儿的安全知识。

3. 漂亮的餐具

观察家中厨房餐具的颜色、形状，鼓励幼儿尝试设计安全漂亮的餐具并进行展示。

(二)区域活动

1. 科学区

①提供洗衣粉水、洗洁精水、肥皂液、清水；提供操作工具：不同形状的小铁圈(三角形、圆形、正方形)、吸管等，引导幼儿探索可以吹出泡泡的液体，并发现不同形状的圈吹出的泡泡形状是一样的。

②提供一字起子、梅花起子、废旧玩具等，引导幼儿利用工具拆卸玩具。

③提供动物图片或书籍，帮助幼儿了解各种动物的生活习性和特点。

2. 美工区

①提供安全剪刀、订书机、色纸、笔、废旧海报、废旧图画书等制作材料，制作《我的安全小书》。

②提供剪窗花的材料：安全剪刀、各类色纸等。

3. 生活区

①提供大小不同的螺丝钉、螺栓、螺帽、木质扳手等，引导幼儿尝试用工具拧螺丝。

②提供锯木板材料：安全锯子、木板。

③提供镊子，扣子(不同形状、大小)引导幼儿尝试用镊子夹不同的扣子。

4. 角色扮演区

提供“我受伤了”游戏材料：医生服装、小瓶装水、棉签、纱布、玩具针筒、听诊器等，引导幼儿在游戏中进一步掌握受伤后正确的处理方法。

5. 餐厅

提供“好吃的面点”游戏材料：橡皮泥、餐具等，引导幼儿用简单的用具和材料制作面点。

(三)班级文化

1. 认识居家生活中的事物，帮助构建良好的居家生活环境

中班幼儿对身边的事物都充满好奇，看一看、摸一摸、玩一玩是他们探索的基本固定模式，家庭生活中的很多事物都能够激发他们探究的欲望，如厨房里的各种用具、工具箱里的工具、洗手间里的物品，还有家中饲养的宠物等。但这些对幼儿又产生了一定的安全隐患。开展相关的主题活动，针对幼儿在居家生活中的探究兴趣，在活动初期让幼儿通过观察、记录等方式自主探索、感知家中存在的秘密，可以初步满足他们的好奇心。然后可以结合相关的主题内容，引导幼儿共同回忆，收集资料，帮助他们将生活中获得的零散经验进行梳理和概括，使幼儿对居家生活中的各项事物有清晰的认识和了解。为幼儿创建一个安全的生活环境，让家成为他们生活的乐园。

2. 建立安全意识，掌握居家生活的自我保护方法

在幼儿对居家生活中的一些事物有了一定的认识和了解后，可以围绕相关主题内容用科学、有效、简单易懂的方法帮助幼儿从小培养良好的生活习惯，并通过生动有趣的教学活动让幼儿掌握居家生活中应注意的安全事项，真正了解安全常识的重要性，促进幼儿健康、语言、社会、科学等各方面能力的发展。

四、 主题单元教育活动方案

中班活动 1：洗手间里的小秘密

（一）活动背景

中班幼儿已具有初步的自我意识，对生活中的各类物品都充满好奇。洗手间中存在的各种不同形状、不同颜色的瓶瓶罐罐自然吸引了他们的目光，充满了探索欲望的幼儿想要尝试着摸一摸、闻一闻、挤一挤这些物品。然而，洗涤物品及卫生消毒物品如消毒液、洁厕精等都是有害的，不能拿来玩耍。如何在保护幼儿探索欲望的同时，又避免在洗手间发生伤害事故呢？这些洗手间里能吸引孩子注意的物品到底是什么？本次活动通过引导幼儿探究“洗手间里的小秘密”认识各种洗涤、卫生消毒物品，在帮助幼儿了解它们作用的同时学会如何自我保护。

（二）活动目标

第一，认识洗手间里的洗涤、卫生消毒物品，了解这些物品里含有害甚至危险成分。

第二，知道不能使用、食用，更不能去玩洗手间里的洗涤和卫生消毒物品。

第三，误食或不小心接触到危险物品，要及时呼救和求助。

（三）活动准备

1. 活动材料准备

提供沐浴露、洗发液、洗手液、洗衣液、柔顺剂、洁厕精、消毒液等洗涤、卫生消毒物品图片。

提供图片：小女孩伸手正准备去拿沐浴露。

视频：将红色的布放入装有消毒液的容器中，观察布的变化。

2. 场景布置

入口(一扇门)，背景投屏显示洗手间，在活动四周摆放各类洗涤、卫生消毒物品图片。

（四）活动过程

1. 场景导入

师：今天老师准备带你们去一个地方，在这个地方藏着一个秘密，我们的任务就是找到这个秘密。

(组织幼儿有序通过入口)

师：这是哪里？你是怎么知道的？

2. 引导幼儿认识各种各样的洗涤、卫生消毒物品

师：小朋友们仔细看看，你发现了什么？洗手间里的这些物品你都认识吗？想一想，它叫什么名字？是用来做什么的？

(引导幼儿认识各种洗涤、卫生消毒物品，并了解它们的作用)

师：请小朋友们说一说，你刚刚在洗手间看到的物品是什么？它有什么作用？

小结：刚刚我们认识了洗手间的各种物品，如洗头发的洗发露、清洗小手的洗手液、清洁马桶的洁厕灵、消灭细菌的消毒液等，它们都是我们生活中用来洗涤和消毒必不可少的朋友。

3. 引导幼儿了解洗手间里含有害甚至危险成分的物品

①观看试验视频：将红色的布放入装有消毒液的容器中，引导幼儿观察布的变化。

师：你发现了什么？红色的布发生了什么变化？为什么红色的布会变成白色呢？想一想，如果消毒液不小心倒在了我们身上，会发生什么？

小结：消毒液是一种无色的液体，有很刺鼻的味道，人们可以用它来消灭有害的细菌。它的腐蚀性很强，使用不当对我们的身体会产生伤害。

②说一说：洗手间里还有哪些物品是我们不能随便触碰的呢？为什么？

小结：洗手间的很多物品都含有害物质，一不小心就会让我们的身体受到伤害，比如洁厕灵、清洁剂等，我们不能随便去触摸，更不能去玩洗手间里的物品。

4. 洗手间受到伤害时的保护方法

引导幼儿观察图片(小女孩伸手正拿沐浴露)。

师：图片上的小朋友在做什么？可能会发生什么事情？如果她不小心受伤了怎么办？如果是你，你会怎么做？

小结：当误食或不小心触摸到危险物品时，应及时向身边的大人求助。

5. 结束语

师：小朋友们，你现在知道洗手间里的秘密了吗？

师：虽然洗手间里的各种物品是我们的朋友，但也存在着一定的危险，这就是我们今天发现的秘密。面对这些物品，你们知道怎样保护自己吗？

师：不玩洗手间里的物品，这才是保护自己的最好方法。

（五）活动评价

本次活动从幼儿探究、寻找洗手间的秘密开始，通过观察、讨论、实践等形式展开，从而使幼儿明白洗手间存在的安全隐患，掌握自我保护的方法。教师在活动中应关注幼儿是否认识洗手间中的物品，并了解不规范使用卫生消毒等物品会造成怎样的后果，从而使幼儿真正意识到洗手间里的洗涤、卫生消毒物品不是玩具，不能用来玩耍。

（六）活动延伸

1. 相关活动延伸

设计活动“有趣的溶解”。通过探索各种洗涤用品如洗衣粉、洗洁精、香皂等在水里的溶解现象，激发幼儿对溶解现象的好奇心，同时发现并意识到洗涤用品中含有产生泡泡的化学品。

2. 家园亲子活动延伸

①请家长在家配合教育幼儿不要随意乱动洗手间的洗涤、卫生消毒物品。

②亲子制作“泡泡水”，利用洗涤用品制作泡泡水。吹泡泡的时候一定要小心，千万不能吃到嘴里。

③家长和幼儿一起清洗手绢等物品。

（七）参考资源

1. 家中洗涤用品安全使用自测

□ 我把家中的洗涤用品放在孩子接触不到的高处或锁在远离食品的柜子里，坚决不放在地上或角落里

□ 我将洗涤用品放在原装的容器里，不去掉产品标签，保持标签完好无损
□ 我不把洗涤用品混合在一起使用，因为单独使用时是安全的产品，如果与其他产品混合，有时会变得危险
□ 我在使用洗涤用品前，认真阅读并遵循产品说明，尤其注意“警告”“危险”等字样，了解不当使用后的预防措施
□ 我用完洗涤用品后，立即关闭容器，扣上盖子，放回原处，远离儿童
□ 我不用空的洗涤用品容器来存放其他物品，尤其是儿童物品
□ 我仔细、快速地处理空的洗涤用品容器，按照标签说明处理，丢弃在有固定盖子的垃圾桶（或可回收垃圾桶）中
□ 我会立即清理溢出的洗涤用品
□ 我使用洗涤用品后，立即清洗双手和任何使用过的量杯等器具

2. 参考书目

燕子. 受伤不再可怕. 哈尔滨：哈尔滨工业大学出版社，2015.

中班活动 2：厨房用具我不玩

（一）活动背景

中班幼儿对周围的一切都充满好奇，厨房是他们感到既熟悉又陌生的地方。那里存在一些安全隐患，而喜欢通过看一看、摸一摸、试一试的方式感知世界的他们又缺乏自我保护意识，因而进入厨房后容易发生意外伤害。当幼儿想要探究厨房的秘密时，总会被大人以捣乱、顽皮的原因而阻止。设计本次活动“厨房用具我不玩”的目的就是让幼儿在活动中认识各种厨房用具，满足他们对厨房的好奇心，不挫伤幼儿求知的积极性。该活动也能让幼儿了解厨房存在的危险有哪些，使他们懂得自我保护，增强自我保护意识。

（二）活动目标

第一，认识厨房用具如刀具、餐具、灶具等，了解其使用方法以及使用不当带来的危害。

第二，懂得厨房用具不是玩具，不能用来游戏。

第三，学习简单的受伤处理应急办法，树立安全意识。

(三)活动准备

活动材料准备

①提供视频：进入厨房，厨房内呈现灶具、餐具、刀具等各类厨房用具；提供视频《幼儿园安全教育——厨房里面危险多》《遇到烧伤烫伤怎么办?》。

②提供厨房用具，如刀、锅、灶、碗、勺等图片(人手一张)；三个托盘(上面分别贴有烹饪前、烹饪中、进餐的图片)；灶具上冒着火苗，上面放着锅；灶具旁边的台面上放着砧板、菜刀和切了一半的菜；一碗汤正冒着热气的图片。

(四)活动过程

1. 导入视频，知道厨房的作用

师：小朋友，蔬菜妈妈要带我们去个地方，让我们一起来看看这是什么地方？厨房的作用是什么呢？

2. 分一分，认识厨房用具并了解其功能

师：小朋友，你认识厨房里的这些东西吗？它的名字叫什么？是做什么用的呢？

游戏：分一分。

师：蔬菜妈妈的厨房太乱了，我们帮它整理一下吧！想一想，哪些用具是烹饪前要用的呢？哪些是烹饪的时候用的？哪些是进餐的时候要用的呢？请小朋友把你手上的厨房用具图片放到相应的托盘里吧！

师：大家讨论下，烹饪前会用到哪些厨房用具呢？它们都有什么作用？烹饪时会用哪些厨房用具？进餐的时候又会用哪些厨房用具？

小结：厨房里有各种各样的用具，如刀具、灶具、餐具等，它们都是我们不可缺少的朋友。

3. 观看图片，发现厨房中存在的安全隐患

师：蔬菜妈妈开始厨房工作啦，我们一起来看一看！说一说你发现了什么？你觉得它们安全吗？为什么？除了它们，还有哪些用具在使用时会发生危险呢？(请个别幼儿说一说)

4. 观看视频，懂得远离危险

师：你们看，视频中的小朋友想要做什么？妈妈是怎么说的呢？

小结：厨房是用来烹饪美食的地方，厨房里的用具存在很多安全隐患，不适合小朋友玩耍，远离厨房就是远离危险！

5. 观看视频，帮助幼儿掌握受伤后的简单处理方法

师：小朋友，说一说，烧烫伤了应该怎么办呢？

小结：受伤后不要害怕，要及时告诉身边的大人。先用流动缓慢、干净的冷水进行冲洗，在水中剪开衣物，盖上消毒纱布，并及时到医院请医生处理。

（五）活动评价

本次活动让幼儿通过游戏、操作、交流讨论等方式了解厨房里的各种用具及其存在的安全隐患。幼儿对存在的安全隐患不是产生惧怕心理，而是能够通过自己的行为来躲避危险，并能够辨别厨房里能做和不能做的行为，建立初步的安全意识。

（六）活动延伸

1. 相关活动延伸

设计活动“有趣的水果拼盘”。通过开展水果拼盘的游戏，体验安全使用儿童刀具、盘等厨房用具来切水果、制作水果拼盘。

2. 区域活动延伸

创设社会性区域“好吃的面点”小餐厅，引导幼儿用橡皮泥、纸等材料制作食物，在游戏中体验厨房工作的乐趣。

3. 家园亲子活动延伸

①家长可以和幼儿一起探索厨房里的秘密，进一步了解厨房里的安全隐患，并掌握自我保护的方法。

②尝试参与一些简单、安全的厨房劳作，如将拌粉中的葱切成段（请用儿童刀具或西餐刀），体验亲子制作的快乐！

（七）参考资源

1. 拓展阅读

马枭．我也要懂安全．厨房危险不能玩．长春：吉林美术出版社，2016.

崔钟雷．安全知识快乐读．长春：吉林美术出版社，2011.

布童．宝贝，和妈妈约定不让自己受伤害．北京：中国文联出版社，2015.

张竞月．远离厨房．长春：北方妇女儿童出版社，2018.

[韩]金恩材．大厨房里的小叉勺．金青，译．南宁：接力出版社，2018.

2. 儿歌

烫伤歌

被烫伤，莫要慌，
冷水冲，涂膏药；
烫得重，送医院，
一冲洗，二护理；
小朋友，要牢记。

中班活动3：大大小小的工具

（一）活动背景

相信不少家长都有相同的经验，在使用工具修理物品时，幼儿对工具箱里大大小小的工具总是充满好奇，喜欢模仿大人的动作。有这样的好奇心是好事，可幼儿的手眼协调能力不足，手腕力量不够，并且这些工具对于幼儿来说还存在着一定的危险性。设计本次活动"大大小小的工具"，可以帮助幼儿更直观地了解各种各样的工具，满足他们的求知欲，让幼儿尝试学习安全使用这些工具的方法，从而更好地保护自己。

（二）活动目标

第一，认识常见工具，如镊子、起子、锤子、钉子、螺丝等，知道它们的名字和用途。

第二，了解工具使用不当会带来的危险，知道工具不能放进嘴里，独自一人时不使用工具。

第三，懂得摆弄工具时不小心受伤后的正确求救方式，感受活动的乐趣。

（三）活动准备

第一，提供礼盒，小汽车(装电池的地方需要用工具才能打开)，装有海绵的小口瓶等。

第二，提供工具图片，如剪刀、镊子、螺丝起子、锤子、螺丝等。

第三，提供幼儿安全教育知识动画片《危险的工具》第20集。

（四）活动过程

1. 引导幼儿用不同的工具解决问题

（教师介绍操作材料及要求）

师：小朋友，老师今天带来了一些物品，有礼盒、小汽车、小口瓶等。这些物品都需要你们的帮助，看看谁能打开礼盒，帮小汽车换电池，或将小口瓶中的海绵取出来呢？

组织幼儿进行分组操作，教师引导幼儿尝试利用工具进行探索。

例如，利用剪刀剪开礼盒上的绳子；利用十字起子打开小汽车上放电池的盖子；利用镊子或钳子将小口瓶中的海绵取出来。

（讨论操作结果）

师：你帮助了哪个物品？你是怎么帮助它的呢？

2. 看图片，引导幼儿通过讨论认识各种工具

师：小朋友刚刚在操作中都用了哪些工具？它叫什么？它可以帮我们做哪些事情呢？你还认识图片中的哪个工具呢？说一说它的作用吧！

小结：生活中有各种大大小小的工具，如剪刀、钳子、螺丝刀、锤子、钉子、螺丝等，它们有着不同的本领，这些本领能帮助我们解决生活中的问题。

3. 看视频第一段，引导幼儿认识工具存在的危险

师：工具是我们的朋友，当我们和工具朋友在一起时，还会发生什么样的事情呢？让我们一起来看一看吧！

（组织幼儿针对视频内容进行讨论）

师：小朋友刚刚看到了什么？视频里的小女孩在干什么？手碰到锯子上的牙齿（齿轮）时会发生什么事情呢？她拿着小螺丝准备干什么？你觉得她会有什么危险呢？说一说，工具还会有哪些危险？

小结：工具不是玩具，不正确的使用这些工具会给我们造成伤害，所以不能将工具拿来玩，更不能把工具放进嘴里。

4. 观看视频第二段，引导幼儿了解受伤后的自救方法

（组织幼儿针对视频内容进行讨论）

师：视频中的小男孩发生了什么事情？他受伤了，应该怎么办呢？

小结：当小朋友独自一个人时，千万不能去使用工具，这样会更容易受到伤害。当被工具伤到时，不要害怕，应立即告诉大人，并要清楚地告知大人被什么工具伤到。

（五）活动评价

本次活动让幼儿在动手操作中感知各种工具的不同作用，提高了幼儿解决问题的能力。工具在给人们带来帮助的同时，也存在着一定的危险。通过观看视频，幼儿有了更直观的认识，从而提高了使用工具的安全性。

（六）活动延伸

1. 相关活动延伸

设计活动“美丽的窗花”。通过剪窗花活动，引导幼儿掌握正确使用剪刀的方法，并了解在使用的剪刀过程中应注意的安全事项。

2. 区域活动延伸

收集和利用废旧的玩具，引导幼儿在区域游戏中利用各种大大小小的工具进行拆卸和再组装。

3. 家园亲子活动延伸

家长可以和孩子一起探索家中大大小小的工具，进一步了解工具的不同作用，并加强安全教育。

在保障安全的前提下，家长和孩子一起利用工具做些孩子力所能及的事情。

（七）参考资源

《父母必读》杂志 .0—6 岁全方位安全养育实用指导 . 北京：北京出版社，2011.

[美]托妮 · 巴兹(文)，吉姆 · 达茨(图). 谁的工具 . 韩礼蔓，译 . 北京：中国大地出版社，2017.

[韩]朴安罗文(文)，崔民吾(图). 欢迎来喵喵家做客 . 韩梦依等，译 . 上海：上海复旦大学出版社，2014.

[美]埃伦 · 杰克逊(文)，[加拿大]蕾恩 · 贝诺特(图). 工具无处不在——灵巧的动物和它们使用的工具 . 龙彦，译 . 福州：福建人民出版社，2016.

中班活动4：我会和宠物交朋友

（一）活动背景

现如今，不管是小区，环境优美的公园，还是在人来人往的大街上，总会发现不少人身边都有宠物。随着宠物数量的增多，幼儿对宠物的兴趣也越来越浓，很多家庭为了让孩子不感到孤独，也在尝试让幼儿照顾家中的宠物。但由于生活中很多人对宠物的过分放纵，也使动物伤人如被狗咬伤等事件层出不穷。本次活动“我会和宠物交朋友”，让幼儿学会和宠物友好相处的方法，同时增强幼儿对身边宠物的防范意识。

（二）活动目标

第一，了解宠物的生活习性和特点，知道宠物可爱但也会伤人。

第二，懂得和小动物在一起的正确相处方式，学会自我保护。

第三，知道被宠物伤害后要尽快告知大人，并及时做好安全措施。

（三）活动准备

小狗、小猫、小兔等宠物的图片。

（四）活动过程

1. 猜谜语，导入活动主题

师：站着没有坐着高，梅花落在脚下头，看见生人汪汪叫，看见主人尾巴摇。小朋友，你知道它是谁吗？说一说，它长什么样子？它喜欢做什么？它有什么本领呢？

2. 结合生活经验进一步了解生活中的宠物

（引导幼儿认识生活中常见的宠物）

师：生活中除了狗，还会有哪些宠物呢？（猫、宠物鸟、兔子等）你见过最多的宠物是谁？

（出示图片，引导幼儿讲述各个宠物的生活习性和特点）

师：小朋友，你喜欢哪个宠物？为什么？这些宠物的生活习性是怎样的？它们分别都有什么特点呢？

3. 了解和宠物相处的方法

图片 1

(观看图片 1 进行讨论，知道宠物虽可爱，但也会伤人)

师：小朋友，你家里养了或在生活中遇到过宠物狗吗？你会怎样和宠物狗相处呢？有一天，有一个小朋友就遇到了一只宠物狗，我们一起来看看他们之间发生了什么事情！

师：(看图片 1)图片上的小朋友怎么啦？你觉得有可能会发生什么事情呢？猜一猜为什么宠物狗会这样呢？

师：生活中还有哪些宠物会伤人呢？(如猫会抓人)你们平时还有没有听过或见过宠物伤人的事呢？

(在操作中帮助幼儿了解和宠物相处的方法)

师：宠物很可爱，它们是我们的好朋友，但它们也会有生气伤人的时候。那我们在和宠物相处时，应该怎样做才不会被它们伤害呢？

师：这里有一些小朋友和宠物相处的图片(看图片 2)，如果你觉得他做得不对，就贴上“×”。

 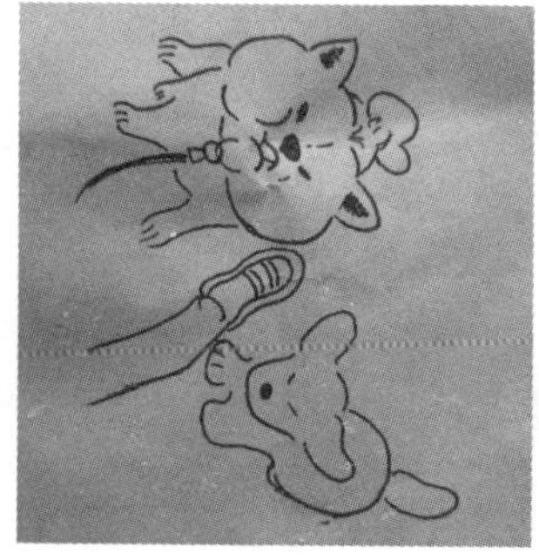 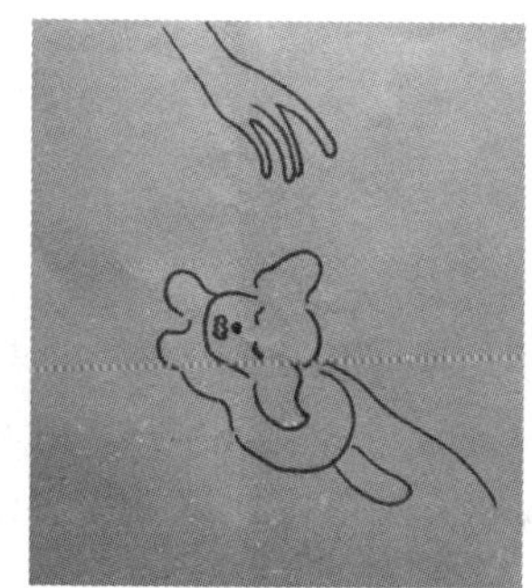

图片 2

师：你把“×”送给了谁？送得对不对？为什么要送给他呢？

小结：小朋友，想要和宠物做好朋友，不受伤害，就不要随意去逗弄宠物，特别是陌生的和正在吃东西的宠物；不要对着它们大叫或拉扯宠物；和宠物保持一定的距离，特别是在它们刚睡醒的时候；在遛宠物的时候一定要牵着绳链。

师：如果不小心被宠物咬到了，我们该怎么办呢？

(引导幼儿讨论)

小结：当我们被宠物伤害时，应立即告诉大人。我们也要牢记三个步骤：第一步，用肥皂水冲洗伤口；第二步，用棉签蘸碘酒或酒精给伤口消毒；第三步，别忘记提醒爸爸妈妈在规定时间内注射狂犬疫苗。

（五）活动评价

首先，通过讨论的形式让幼儿了解宠物的生活习性和特点，为掌握和宠物相处的方法打下基础。其次，通过图片及视频的方式让幼儿进一步了解与宠物相处时应注意什么，如何避免受到伤害，掌握被宠物伤害后的处理方法，从而学会保护自己。

（六）活动延伸

1. 相关活动延伸

开展绘画活动“我喜欢的宠物”，通过绘画的形式加深幼儿对宠物的了解。

2. 区域活动延伸

开展区域游戏“宠物之家”，提供角色服装、动物玩具等，引导幼儿在游戏中扮演相关工作人员，为宠物玩具清洁、梳理毛发、打针等。

3. 家园亲子活动延伸

开展亲子游戏“危险藏在哪里”，家长模拟宠物的各种动作，请幼儿猜一猜它想干什么。并说出有什么危险，进一步巩固和宠物相处的方法。

（七）参考资源

[日]日本自由社．狗狗不是故意的：图解全阶段养狗宝典．高慧芳，译．上海：上海世界图书出版公司，2016.

五、 主题单元幼儿表现评估

主题__________

班级__________ 幼儿姓名__________ 教师姓名__________

评价者__________ 日期__________

评估准则：完全掌握或做到为 4 分；有时掌握或做到为 3 分；初步掌握或做到为 2 分；暂未掌握或做到为 1 分。

学习目标	具体表现	1 分	2 分	3 分	4 分
1. 进一步认识、了解居家生活中的各类物品及作用，初步掌握正确的使用方法					
2. 通过多种途径知道居家生活中存在的安全隐患，提高自我保护能力					
3. 积累居家生活经验，有基本的安全防范意识					
4. 知道与宠物相处可能发生的危险，知道发生伤害事故时，主动寻求他人的帮助					
5. 发生伤害事故时知道及时呼救和求助，学习应急自救的方法					

中班园所安全

一、 主题单元背景资料

中班幼儿对园内环境、班级环境已经较为熟悉，他们在感到适应、安全的同时，也会增强对周围事物的探索欲望，开始不断扩展自己的活动范围。对于幼儿来说，虽然幼儿园从管理、课程、环境等多方面着手，为幼儿创设了较为安全的环境，但也因此容易放松警惕，造成一些常见的安全问题。随着幼儿年龄的增大，身体动作、认知能力等方面的不断发展，需要我们不断地帮助其丰富安全方面的相关经验，优化更新认知结构，从而不断提升幼儿的安全自我保护能力，树立必要的安全意识。

本主题单元针对幼儿园校园中可能发生的安全问题，通过系列安全教育活动，帮助幼儿发现并了解幼儿园生活活动、教育教学活动、入园离园环节、大型活动中存在的安全教育要点，根据中班幼儿年龄特征，通过游戏、环境、生活、学习活动等，帮助幼儿了解学习校园安全的相关内容，掌握幼儿园一日生活的常规要求，养成良好的生活习惯，树立自我保护意识。

二、 主题单元目标

第一，掌握幼儿园生活的常规要求，进一步养成良好的安全生活习惯。

第二，丰富幼儿的生活常识，增强幼儿的安全意识。

第三，通过制作安全提示标记，帮助幼儿发现可能存在的安全隐患。

第四，了解参加大型活动时的安全要求，知道安全疏散路线及方法，掌握遇到危险时的自救或他救措施。

第五，学会正确使用玩具、学具。

第六，了解与朋友交往的基本安全常识，不争抢玩具。

三、 主题单元环境创设

（一）墙饰创设

1. 安全问题收集站

利用记录表、照片等方式，展示幼儿在幼儿园中发现的安全隐患。

2. 幼儿园安全小常识

鼓励幼儿以绘画形式大胆表达，创设“安全常识我知道”板块，直观形象的将幼儿园内的安全常识展现在墙面上。

3. 安全故事连环画

结合“楼梯安全连环画”活动，激发幼儿开展亲子绘画制作的欲望，墙面呈现“楼梯安全连环画”等安全连环画内容，供幼儿翻阅、欣赏。

（二）区域活动

1. 美工区

提供白纸、色纸、彩笔、胶带等材料，制作上下楼安全疏散标志，盥洗间、卧室安全提醒标志等。

提供各种美工材料，制作校园安全宣传单。

2. 图书区

提供：《爱上幼儿园——幼儿园里守规则》《幼儿安全教育必备游戏书》等。

提供头饰、手偶、故事图片等，供幼儿大胆表现图书内容。

3. 角色扮演区

提供幼儿园安全巡逻员袖标，鼓励幼儿参与入园离园环节安全温馨提示。

提供幼儿在园生活场景图片，提供“老师”“家长”“儿童”等角色扮演装饰材料，供幼儿表演入园、离园、幼儿园一日生活活动的场景。

提供幼儿园安全宣讲员袖标，鼓励幼儿在节日活动或升旗活动上进行校园安全宣讲。

（三）班级文化

1. 构建安全的幼儿园生活环境

中班幼儿对幼儿园内的大环境以及班级环境都比较熟悉，但是，探索新奇事物是幼儿的天性。在本已熟悉的环境中探索新玩法、发现新乐趣的同时，往往存在更多的安全隐患，例如，幼儿在盥洗室里玩“溜冰”；幼儿在卧室阁楼玩“跳楼梯”等。因此，可以借助“安全排查员”“制作安全标记”“安全宣讲”等活动，帮助幼儿进一步关注自己的生活环境，并对环境、行为的安全与否进行辨别，营造安全的校园生活氛围。

2. 树立安全意识，掌握自我保护的基本方法

开展“幼儿园校园安全”相关主题活动，旨在帮助幼儿辨别在活动中可能发生的危险，同时增强幼儿的安全意识，提升幼儿的自我保护能力。首先，在开展主题活动之初，我们让幼儿置身真实的校园生活情景，去发现危险、记录危险；其次，结合幼儿对校园安全隐患的辨别，通过视频观看、图书阅读、家园共育等方式，帮助幼儿获得正确的安全自护方法；最后，通过绘画、安全情景表演等形式，让幼儿大胆地表现、分享自身所获得的安全知识经验，提高自我保护能力。

3. 鼓励幼儿参与幼儿园的管理，增强主人翁意识

帮助幼儿树立责任感，树立主人翁意识是幼儿园教育中重要的内容。幼儿作为自己的主人，加强对自我的管理，对集体的管理，才能有效帮助其建立安全自护的意识和培养安全自护的能力。对此，我们可以鼓励幼儿作为小小主人翁参与幼儿园的管理，如每天早上入园和下午离园的时候，协助值班教师维护秩序，在幼儿园混龄游戏中担任“安全巡逻员”“安全指导员”等。在“说一说、讲一讲、做一做”的过程中，幼儿能更进一步掌握校园安全知识，提高安全认知，争做安全管理小主人。

四、 主题单元教育活动方案

中班活动 1：安全生活

(一)活动背景

幼儿安全问题时有发生。《幼儿园教育指导纲要(试行)》指出“幼儿园必须把保护幼儿的生命和促进幼儿的健康放在工作首位”。本次活动利用生活场景，帮助幼儿认识到校园生活中可能存在的安全隐患，加强幼儿的自我保护意识，让幼儿能安安全全、健康快乐地度过校园时光。

(二)活动目标

第一，辨别幼儿园存在的危险行为。

第二，制作安全提示标记，营造安全的生活环境。

第三，树立自我保护意识，不做危险行为。

(三)活动准备

幼儿在幼儿园的(进餐、饮水、盥洗、午睡等)照片。

(四)活动过程

1. 谈话导入，激发幼儿参与兴趣

师：幼儿园中存在哪些危险呢?

2. 出示幼儿进餐过程做危险事情的图片，引导幼儿发现安全隐患

师：我们先看看这些图，图上有谁?他们在做什么?你觉得他们这样玩好吗?可能会发生什么危险?

(幼儿讨论，并回答)

小结：吃饭的时候，小朋友在翘小椅子，有可能会摔跤，筷子、勺子会戳到自己；有的小朋友在聊天，有可能会呛到；还有小朋友端饭的时候不认真，有可能会被碗里的食物烫伤。

3. 出示幼儿午睡的照片，引导幼儿发现安全隐患

师：我们再来看看这几张图片，图上的小朋友在干什么？可能会发生什么危险？

（幼儿讨论，并回答）

小结：午睡的时候，小朋友拿着玩具到床上玩，有可能会发生窒息；午睡的时候，小朋友玩裤带、发绳等物品，容易勒到手；小朋友趴着睡觉或用被子裹住头，容易发生危险。

4. 出示幼儿在园内的各场景图片，引导发现安全隐患

师：除了吃饭、睡觉的时候，小朋友们有可能发生危险，其他时候也有可能发生危险。小朋友们想一想，在洗手、喝牛奶、吃点心、户外游戏等时候，可能会发生什么危险？请大家一起讨论，并把你发现的安全隐患写下来。

（幼儿分组讨论，并记录）

师：现在请小朋友分享一下，你发现的幼儿园生活中可能存在的安全隐患。

（幼儿分享自己发现的安全隐患）

5. 幼儿制作并张贴安全标志

师：小朋友们刚刚发现了那么多安全隐患，我们可以制作“安全提醒标志”，提醒小朋友们注意安全。

（幼儿制作“安全提醒标志”，并张贴在班级内）

师：小朋友在许多可能发生危险的地方，贴上了你们自己制作的标记，下次小朋友看见这些标记就要更加注意安全，不做危险的事情。

（五）活动评价

幼儿通过场景回忆、小组讨论、标记制作等环节初步学会如何辨别正确和错误的行为；能在教师引导和同伴合作下制作安全标记，共同营造安全的生活环境；通过谈话、讨论等环节增强自我保护意识，懂得不做危险的行为。

（六）活动延伸

1. 相关活动延伸

设计“幼儿园大找碴儿”活动，让幼儿寻找安全隐患，设计并贴上警示标记。

2. 家园亲子活动延伸

用绘画、拍照等方式收集生活中的安全标志。

(七)参考资源

1. 安全常识

赵雪君．宝宝的第一本安全标志书．长春：吉林大学出版社，2013.

2. 儿歌

户外游戏

户外游戏真有趣，要把安全好好记。
奔跑追逐要小心，大型玩具讲秩序。
滑滑梯时要谦让，不推不挤才安全。

早操安全

一二一，一二一，早操注意取距离。
注意听，注意听，不推不挤不打闹。
举举臂，扭扭腰，准备运动要做好。
踢踢腿，跺跺脚，天天锻炼身体壮。

上下楼梯

上楼梯要记牢，扶扶手靠右走。
一梯梯慢慢走，不跑跳不推挤。
下楼梯要记牢，排排队有秩序。
一梯梯不着急，要注意要小心。

小剪刀

小剪刀，尖尖嘴，用小剪刀要小心。
走路时，不用他，握紧嘴巴慢慢行。
好朋友，用剪刀，握住嘴巴再给他。
小心嘴巴咬小手，别用嘴巴咬朋友！

幼儿园安全知识要知道

小朋友们要记住，危险工具要小心。
不玩剪刀与小刀，不要吞食小玩具。

上下楼梯靠右走，不与他人胡玩闹。

不爬窗台高处玩，不带玩具入梦乡。

盥洗室安全

排队洗手别着急，不要插队讲秩序。

七步洗手记心间，节约用水用心记。

如厕安全

小朋友，要知道，厕所危险不玩闹。

进出厕所讲规则，注意用水不滑倒。

安全时时记心里，争做安全好宝宝。

盥洗安全

小朋友，洗小手，吃饭时间就来到。

扶好碗，小心烫，细嚼慢咽不吵闹。

小椅子，要坐好，筷子不当玩具玩。

用餐后，要漱口，白白牙齿健康好。

中班活动 2：离园不乱跑

（一）活动背景

一天的集体生活后，离园时，孩子们像是放飞的小鸟。孩子天性好玩，富有好奇心，但是外面的世界往往充满了危险。针对离园时小朋友们可能出现的安全隐患，我们开展了此次安全教育活动，旨在帮助幼儿认识到回家途中可能存在的危险，并帮助幼儿掌握自我保护的方法。

（二）活动目标

第一，离园时主动牵好家人，不离开家人视线。

第二，与父母走丢时，能采取正确的方法保护自己，不跟陌生人离园。

第三，参加安全教育活动时能大胆表达自己的想法。

（三）活动准备

视频(放学时，幼儿园门口交通场景、幼儿园园内熙熙攘攘的场景)；图片(提示危险隐患的图片，含交通、陌生人等)。

(四)活动过程

1. 视频导入，激发幼儿参与活动的兴趣

师：小朋友们看看视频里正在发生什么事情?

(幼儿观看视频，并回答)

小结：视频里记录了小朋友们放学时的场景，大门外停放着很多来接小朋友的车辆，交警叔叔正在指挥交通，幼儿园里，爸爸妈妈牵着小朋友的手准备回家，有的小朋友还在幼儿园内玩耍。

2. 出示幼儿寻找父母的图片，引导幼儿发现安全问题

师：请小朋友们仔细观察，图片中有谁?发生了什么?

(幼儿观察图片并讨论)

师：图片中有一个小朋友在幼儿园里玩，他找不到自己的爸爸妈妈了，如果是你，遇到这种情况会怎么办?

(幼儿讨论)

小结：在幼儿园里与爸爸妈妈走散了，我们可以原地等待爸爸妈妈，也可以回到教室找老师，还可以找幼儿园的保安叔叔帮忙。

3. 出示陌生人与小朋友的图片，引导幼儿发现安全问题

师：请小朋友们仔细观察，图片中的小朋友在干什么?可能会发生什么危险?

(幼儿观察图片并讨论)

师：图片中的小朋友一个人背着书包，离开了幼儿园，并没有跟爸爸妈妈在一起，这是非常危险的。小朋友们想一想，如果一个人离开幼儿园，可能会发生什么危险事情?

(幼儿讨论)

小结：小朋友们如果独自一人回家，可能会遇到交通事故或者遇到危险的陌生人。因此小朋友们不能独自或者跟着陌生人离开幼儿园。

4. 幼儿开展情景表演，积累安全知识

师：今天我们请小朋友表演离园回家时的场景，有的小朋友扮演爸爸妈妈，有的小朋友扮演老师，还有的小朋友扮演准备放学回家的小孩。

（幼儿参加情境表演，并商量分配角色，教师念旁白）

师：又到放学的时间啦！爸爸妈妈已经在班级门口排好队，等待接小朋友们回家了！多数小朋友牵着爸爸妈妈的手就回家了！可是豆豆和乐乐却发生了危险！他们在幼儿园玩的时候，离开了爸爸妈妈的视线，找不到爸爸妈妈了，这时候会发生什么呢？

（五）活动评价

通过观看视频、图片，讨论等方式，让幼儿了解在离园过程中可能遇到的危险。通过情境表演，帮助幼儿获得安全知识，懂得上下学路上要主动牵好家人，不离开家人视线，并让幼儿懂得在与父母走丢时，采取正确的方法保护自己，不跟陌生人离园，提升幼儿的安全意识。

（六）活动延伸

1. 区域活动延伸

表演区、阅读区进行角色扮演。

2. 家园亲子活动延伸

亲子离园演练活动“不跟陌生人离园”。

（七）参考资源

[法] 萨米尔・瑟努斯（文），亨利・费尔纳（图）．幼儿园的一天．吴雨娜，译．北京：北京科学技术出版社，2019.

中班活动 3：大型活动听指挥

（一）活动背景

幼儿园常常开展各类丰富多彩的大型活动，幼儿在大型活动中可以感受到热闹喜庆的氛围。但不可否认，大型活动中暗藏着许多安全隐患。本次活动的设计是为了提高中班幼儿在大型活动的安全意识，增强幼儿在大型活动的安全防护能力，并进一步提高中班幼儿的自我保护意识。

（二）活动目标

第一，了解参加大型活动时的安全要求，安全疏散路线。

第二，能够理解大型活动现场组织人员的指挥，有序参与活动。

第三，提高幼儿安全和自我保护意识，做到人多时不推挤打闹。

(三)活动准备

幼儿参加大型活动的照片、安全视频、安全图片、正确与错误的地标图。

(四)活动过程

1. 谈话导入，激发幼儿的参与兴趣

师：孩子们，你们在幼儿园都参加过哪些大型活动呢?

幼儿：升旗仪式、“六一”活动、中秋节活动。

师：结合照片，讲讲自己在活动中的快乐经历。

师：你最喜欢哪个活动？为什么?

(鼓励幼儿回想自己在大型活动中需要注意的安全事项)

师：看来大型活动带给大家很多快乐，那么在大型活动中你有没有发现危险的地方呢？参加这些活动时需要注意什么?

2. 故事讲述，共同讨论

讲述故事片段一，鼓励幼儿扮演熊警官向狼解释原因

师：谁愿意扮演熊警官，给狼解释一下原因。

讲述故事片段二，请幼儿猜猜狼着急什么?

讲述故事片段三，鼓励幼儿猜猜狼对熊警官说了什么。

师：临别时，狼悄悄地对熊警官说了一句话，你觉得他说的是什么？说说你猜想的理由。

3. 联系实际，扩展安全小知识

(1)教师播放相关视频片段

小结：大型活动中要注意活动前教师提出的安全要求，根据教师或者组织人员的指挥疏散，人多时不推挤打闹，小心踩踏，有秩序地参加大型活动。

(2)结合照片，讲述教师带领幼儿清点人数的原因

小结：教师及时清点人数才知道你们的情况，第一时间关心你们。

4. 互动游戏“对与错”

教师讲述游戏规则及要求，幼儿互动。

教师讲述情景，幼儿分辨“对与错”进行站位选择。

每一小题结束后，教师及时小结情境中的细节处理是否正确。

小结：参加大型活动时，我们一定要学着听从指挥、不慌张、不离队、不拥挤围观，保护好自己。

（五）活动评价

此次安全活动培养了幼儿的安全防范意识，使幼儿学着在大型活动中听从指挥，不离队，了解踩踏事件发生的原因以及如何在拥挤中保护自己。

（六）活动延伸

1. 相关活动延伸

幼儿园开展大型活动安全演练，事后注意疏导幼儿情绪。

2. 一日生活、区域活动等活动延伸

①在一日生活、游戏时可尝试进行小型班级安全演练，事后注意疏导幼儿情绪。

②语言区中投放大型活动相关书籍。

③餐前和幼儿学习安全防踩踏儿歌。

（七）参考资源

1. 安全常识

[英]哈里·霍斯．小兔子走丢了．赵玉皎，译．北京：连环画出版社，2011.

2. 儿歌

听指挥

大型活动听指挥，跟紧老师不离队。

人多注意不乱走，遵守秩序讲礼仪。

大型活动

大型活动真热闹，节目丰富游戏多。

上下楼梯靠右行，千万注意不推挤。

一个一个排好队，保持安静讲文明。

听懂规则记心里，跟紧老师不乱行。

中班活动4：楼梯安全故事

(一)活动背景

中班幼儿已经熟悉幼儿园，动作发展也较为迅速，但是自我保护意识和能力较弱。部分幼儿把楼梯当成了嬉戏的场所，经常趁老师和家长不注意，在楼梯上嬉笑打闹、逗留玩耍，这都是非常危险的行为。为了保障幼儿的安全，避免楼梯上意外事故的发生，对幼儿进行必要的安全教育显得尤为重要。本次的安全教育活动，旨在提高幼儿的安全意识和自我保护意识，养成良好的安全行为习惯。

(二)活动目标

第一，明白在走廊上逗留、嬉闹的危险性。

第二，按标记有序上下楼梯，不在楼梯内打闹。

第三，喜欢参与安全连环画绘制，提高自我保护意识。

(三)活动准备

楼梯上各种危险行为的照片、连环画纸、水彩笔、抽杆夹。

(四)活动过程

1. 出示图片，引发幼儿讨论戏闹的危险性

师：图中小朋友在干什么？会发生什么情况？

(幼儿观察图片并讨论)

小结：幼儿园楼梯比较狭窄，每天会有很多小朋友上上下下，如果在这些场所打闹、跑跳，将会发生许多危险。例如，和别人撞在一起，或者撞倒、摔伤。

2. 教师介绍连环画的画法，激发幼儿的参与兴趣

师：小朋友们都知道在楼梯上玩很危险，今天我们来画一幅连环画，用来讲述楼梯上可能会有哪些危险。小朋友们可以想一个相关的故事，然后把它画出来。

师：小朋友们，你们想一想你的安全故事，和旁边的小伙伴讲一讲。

(幼儿讨论，个别幼儿表述自己的想法)

3. 出示材料，幼儿自主绘画“楼梯安全故事”

（教师出示材料，幼儿自主绘画）

师：今天老师也带来了一些绘画材料，请小朋友们动手画一画。

（幼儿之间讲述“楼梯安全故事”连环画）

师：请小朋友们互相欣赏同伴的连环画，并向你的同伴讲一讲你的连环画故事。

4. 制作“楼梯安全故事”连环画手册

师：老师将小朋友们画的作品装订成一本手册，小朋友们愿意和大家一起分享你画的故事吗？

（个别幼儿展示并讲述自己的连环画）

（五）活动评价

通过将绘画游戏与安全教育相结合，使幼儿在参与安全连环画绘制的过程中，意识到在走廊上逗留、嬉戏打闹的危险，掌握安全使用楼梯的方法，能按标记有序上下楼梯，不在楼梯上打闹。

（六）活动延伸

1. 一日生活、区域活动等活动延伸

在一日生活中开展上下楼梯安全演练活动。

语言区中投放亲子安全连环画画册。

2. 家园亲子活动延伸

家长与幼儿开展亲子安全连环画绘制活动。

五、 主题单元幼儿表现评估

主题__________

班级__________ 幼儿姓名__________ 教师姓名__________

评价者__________ 日期__________

评估准则：完全掌握或做到为 4 分；有时掌握或做到为 3 分；初步掌握或做到为 2 分；暂未掌握或做到为 1 分。

学习目标	具体表现	1分	2分	3分	4分
1. 能初步辨别幼儿园中正确和错误的行为，掌握幼儿园生活的常规要求，养成良好而安全的生活习惯					
2. 丰富幼儿的生活常识，增强幼儿的安全意识，懂得保护自己，不做危险的事情					
3. 明确参加大型活动时的安全要求，掌握安全疏散路线及方法，学会常见的自救或他救措施					
4. 学会正确使用玩具、学具，树立安全意识，不做危险的事情					

中班卫生饮食安全

一、 主题单元背景资料

食品安全是指在日常生活中应食用无毒、无害、符合营养要求，不对身体造成伤害的食品。食品安全对幼儿的日常生活和健康有着非常重要的影响，因此培养幼儿食品安全意识是现代社会不可或缺的教育内容之一。中班幼儿能够根据自己的意愿自主选择喜欢的食物，但是对健康食品和垃圾食品的辨别，以及科学地控制自己食量的能力还相对较弱。本主题将从正面引导出发，帮助幼儿了解食物的营养价值，建立食品安全的概念，以游戏的形式帮助幼儿理解食品安全对日常生活和健康的重要性，养成良好的饮食习惯，引导幼儿不偏食、不挑食、少吃或不吃不利于健康的食品；多喝白开水，少喝饮料。提高幼儿对于食品的安全意识和自我保护意识，为幼儿的健康成长打下坚实基础。

二、 主题单元目标

第一，掌握辨别健康食品和垃圾食品的基本方法，了解垃圾食品对身体的危害。

第二，知道偏食、挑食对身体的危害，能够初步做到不挑食、不偏食。

第三，初步了解人体的消化系统，知道细嚼慢咽、不贪吃生冷食物等科学的进餐方式和饮食习惯对身体的好处。

第四，知道不科学饮食引起的常见传染病的类型和特征，在传染病高发期有自我防护意识。

第五，帮助幼儿形成吃健康食物和科学进餐的习惯，萌发幼儿对健康食物的喜爱之情。

三、 主题单元环境创设

(一)墙饰创设

根据中班“卫生饮食安全”主题的目标与内容，结合幼儿体验式的学习方式将墙饰分为以下四部分。

1. 小小食品大奥秘

将健康食物(如蔬菜、水果、蛋奶、肉类、豆制品等)及不健康食物(例如，蛋糕、冰激凌、油炸食品、膨化食品、腌制食品等)的图片制作成可重复粘贴的道具，并制作“花花国王”道具供幼儿操作、互动，深入了解垃圾食品及健康食品对人身体的影响(吃垃圾食品，国王脸部过敏起痘；吃健康食品，国王恢复健康，操作方法见视频《花花国王变美啦》)，使幼儿深入体会垃圾食品带给人们的坏处。

2. 食品种类我来分

幼儿在美工区利用各种材料制作生活中常见的食物，放置在主题墙上，进行营养成分的区分操作，例如，将食物按照富含维生素C、钙、铁等微量元素进行分类，也可通过教师设置的板块情境，例如，“吃什么会长高?”“吃什么会变白?”等进行分类。

3. 胃肠喜欢的食物

模拟制作“食物通道”，供幼儿在墙面上操作(见“食物通道”道具及操作视频)。通过实际操作，体验大块食物、过硬食物等对胃肠的伤害。

制作“对错我来分”互动板块，将正确进餐及错误进餐图片进行张贴，供幼儿进行判断。

4. 我的健康我守护

将“健康小贴士”宣传内容张贴至主题墙(见活动4“让疾病逃跑吧”)，供幼儿参考及积累相关疾病的表现、症状，增加生活经验。

请家长带领幼儿探究一种幼儿患过的常见疾病的病因、症状及康复过程，用图画的方式呈现并张贴展示，幼儿可互相分享，锻炼其语言表达能力。

张贴有关预防传染病的儿歌供幼儿巩固防止传染病的方法，锻炼其语言表达能力。

（二）区域活动

1. 表演区

提供健康与不健康食物的模型或图片供幼儿进行“食物小讲堂”表演活动。

与幼儿共同制作各类蔬菜、水果、垃圾食品模型，供幼儿进行分辨与表演。

依据幼儿搜集、制作的有关卫生饮食安全的剧本画册进行表演。

2. 阅读区

提供有关卫生饮食安全、传染病的预防、良好饮食习惯的绘本供幼儿阅读、讲述，如《肚子里有个火车站》《大卫肚子疼》《健康饮食我知道》等。

提供手偶和有关健康饮食习惯的图片方便幼儿进行故事创编。

3. 美工区

与幼儿共同收集各类材料，如废旧材料、超轻黏土、彩纸、海绵纸、画笔等，以供制作食品、卫生饮食安全剧本、主题墙及班级环境。

4. 角色扮演区

将“让疾病逃跑吧”活动中所使用的教具投放到该区域，供幼儿进行角色扮演，巩固幼儿对常见疾病的发病特征及自我保护方法的掌握。

（三）班级文化

1. 引发幼儿感受生活、关爱生活，通过亲身体验了解食物的相关知识

中班幼儿的自理能力及自我保护能力逐渐提高，他们愿意探索生活、了解生活。在家庭中，也可以承担一些简单的家务。幼儿园及家庭可以利用“社会实践活动”带领幼儿到菜市场、超市等场所一起采购，在采购过程中帮助幼儿了解健康食物的特征、如何挑选健康新鲜的食物、健康食物对人体的好处等并在幼儿园的区域、主题墙、集中教育活动中与同伴分享。逐渐引导幼儿萌发探索生活、热爱生活的情感，从而提高幼儿的语言表达能力、体验当众表达的成就感，促进幼儿综合素质的全面发展。

2. 推崇健康的生活方式，营造家园共育的和谐氛围

教师可利用家园共育，鼓励幼儿保持健康的饮食习惯，注重饮食卫生安全，形成健康的生活方式。例如，与幼儿共同制作家庭健康食谱，邀请“美厨妈妈”进课堂，与幼儿分享健康美食。

在创设班级环境时，与幼儿共同商讨，让幼儿亲身参与布置环境。鼓励幼儿与同伴进行交流，互相分享经验，借助思维导图等工具，帮助幼儿将已有知识经验进行整合，以此来锻炼幼儿的思维能力、语言能力、动手能力、想象力及创造力。

四、 主题单元教育活动方案

中班活动 1：垃圾食品我不吃

（一）活动背景

中班幼儿喜欢去尝试新鲜事物，自我意识也逐步提高，面对喜欢吃的食物往往自控力较弱，为了让幼儿掌握辨别健康食物的方法，能够选择健康而不是爱吃的食物，特设计此活动，以帮助幼儿加深对“健康饮食”的认识与了解。

（二）活动目标

第一，掌握辨别健康食品和垃圾食品的基本方法。

第二，了解垃圾食品对身体的危害。

第三，具有初步的饮食安全意识。

第四，促进幼儿养成吃健康食物的习惯。

（三）活动准备

深加工食品(甜品、油炸食品、膨化食品、腌制食品等)图片，健康食品(果蔬、蛋奶、鱼肉等)图片；变脸国王道具；视频《垃圾食品害处大》。

（四）活动过程

1. 出示“国王”道具，利用情境导入吸引幼儿兴趣

师：小朋友们，今天是花花国王的生日，他邀请我们一起参加他的生日宴

会！参加生日宴会都要做什么呢？(送礼物、吃蛋糕、玩游戏)那我们一起来看看花花国王的生日宴会是什么样子吧！

2. 与幼儿共同辨别垃圾食品与健康食物的特征

(1)介绍食物的种类

师：哇！小朋友们说得真对，国王准备了一桌子好吃的，快来看看有什么？有甜甜的蛋糕、冰激凌、果冻、汉堡，还有新鲜的蔬菜、水果、蛋奶、肉类、豆制品，真是太丰盛啦！

(2)通过道具辨别食物是否健康(道具使用见视频)

师：花花国王特别爱吃甜甜的蛋糕，他嗷呜一口就把蛋糕全吃掉啦，然后又吃了冰激凌、果冻、汉堡……哇，好饱啊！哎？可是突然他的脸上发生了变化，长出了好多不好看的小痘痘，好疼好痒啊！肚子也好疼啊，怎么办呢？

师：谁来说说这可怎么办啊？身体不舒服的时候应该找谁呢？

(3)出示医生图片

师：医生说了，原来啊，花花国王吃了太多甜的、凉的和油炸的食物，这些食物特别不健康，它们都是垃圾食品，特别甜、特别咸、特别油腻，会让人的身体变得不舒服，会让人生病的。我们一起来回忆，刚才花花国王都吃了什么？

师：医生告诉花花国王，要想让身体变得健康可不能吃太多甜的、凉的、油炸的东西，要多吃新鲜的蔬菜和水果才行哦！那我们应该告诉花花国王多吃些什么食物呢？宝贝们答对啦，我们快让花花国王吃些蔬菜和水果吧！

(4)操作道具，国王变得健康了

师：小朋友快看，花花国王脸上的痘痘不见啦！他的肚子也不疼了，太好了！原来多吃新鲜蔬菜和水果真的会让国王的身体变健康！

3. 观看视频，了解垃圾食品的危害

(播放视频，引导幼儿了解垃圾食品的危害及健康食物的好处)

教师：我们小朋友是不是也和花花国王一样，吃了不健康的食物会生病呢？我们一起来看看吧！

教师：原来吃垃圾食品不仅会让国王生病，也会让小朋友生病，我们要多吃健康食品。

4. 实际操作，提高饮食安全意识

(出示健康食品图片及垃圾食品图片)

师：小朋友们，你们知道什么食物对我们的身体有好处吗？现在老师想考考你们，桌面上有很多食物的图片，请你们将健康的食物贴到有“对号”的操作板格子里，将垃圾食品贴到有“错号”的操作板格子里，然后我们一起来分享一下自己的成果。

(鼓励幼儿将自己的操作成果大胆地进行分享)

5. 结束

师：小朋友今天都知道了什么是健康食物、什么是垃圾食物，小朋友一定要多吃健康食物，才能保证自己的健康，可不要像花花国王那样生病了啊。

(五)活动评价

该活动通过情境化、游戏化的方式，借助道具与视频让幼儿分辨健康食品与垃圾食品的特征，从而直观的感受健康食品及垃圾食品对人体的不同影响，提高幼儿的饮食安全意识。

(六)活动延伸

美工区为幼儿提供丰富的材料，制作健康食物与垃圾食物，也可提供一些健康与不健康食物图片作为软环境。

将制作好的成品在主题墙的操作板上进行展示。

(七)参考资源

自创国王道具

医生图片

中班活动2：舌尖上的魔法

（一）活动背景

中班幼儿认识常见的食物名称，也知道应该多吃有营养的食物，但是对于食物具体有哪些营养的认知还很模糊，所以还不能做到不挑食和不偏食，并且由于幼儿不能直观了解食物进入身体后吸收变成养分的过程，因此幼儿理解起来比较困难，所以设计了“舌尖上的魔法”这一活动，通过生动有趣的故事，帮助幼儿理解食物的营养价值和为什么要吃健康食物。

（二）活动目标

第一，了解常见食物的营养价值。

第二，知道偏食、挑食给人带来的危害。

第三，喜欢吃营养丰富的食物，不挑食。

（三）活动准备

蔬菜、水果、肉、蛋、奶、谷物、豆制品图片若干，身体出现不适的照片若干，自制魔法棒1个，手偶1个。

（四）活动过程

1. 听故事，引导幼儿了解偏食的危害

（教师讲故事）

师：请小朋友们仔细听故事，说一说故事里面的艾瑞怎么了？

（幼儿复述故事情节）

师：为什么艾瑞会肚子疼？魔法师给他的解药是什么？

小结：偏食会导致身体出现疾病并感到疼痛，所以小朋友们不能只吃爱吃的，各种食物都要吃，这样营养才会均衡，身体才会更健康。

（出示手指起皮的图片）

师：请小朋友们仔细观察，说一说图片上的手指怎么了？你的手起过皮吗？最后怎么恢复好的？

（出示揉眼睛和咳嗽的图片）

师：小朋友看了长时间的动画片，眼睛干干的，多吃什么食物能让眼睛亮亮的呢？多吃哪种食物会减轻咳嗽呢？

2. 出示图片，引导幼儿了解不同食物的不同营养

分别出示常见蔬菜、水果、蛋、奶、谷物和肉类的图片。

师：小朋友们看一看，你吃过图片上的食物吗？知道图片上食物的名字吗？你能说出它的营养吗？请你与旁边的小朋友说一说。

教师讲解食物的营养价值。

3. 分组合作，设计健康菜谱

师：艾瑞知道了偏食、挑食的危害，决定以后再也不偏食、挑食了，每顿饭都要吃得营养健康。艾瑞请小朋友帮他设计营养菜谱，保证他每顿饭都能营养均衡，不偏食。老师给小朋友们提供了食物的图片和设计表，请小朋友们分组为艾瑞设计健康食谱，将大家认为正确的食材放在对应的表格里，让我们一起来试试吧！

4. 分享交流，展示小组成果

师：通过小组的讨论操作，现在请每组派一名小代表将设计结果进行分享，我们一起来看一看哪一组设计的食谱食物种类最全面，营养最均衡。

5. 小结

我们知道了偏食和挑食的危害，希望小朋友们多吃有营养的食物哦，不挑食不偏食。

（五）活动评价

本次活动通过一个小故事让幼儿了解食物的营养及偏食的坏处，幼儿很喜欢探索贴近生活的食物秘密，看见自己吃过的食物后更加愿意探索，教师通过设计一系列的活动帮助幼儿了解了食物的营养价值及偏食的危害，使幼儿在进餐时能够不偏食、不挑食，将自己的饭菜全部吃光。

（六）活动延伸

进餐时增加“报菜名”环节，引导幼儿说出食物的名称及其营养。

鼓励幼儿与父母一起探索更多食物的营养成分，并尝试用各种方法记录。

（七）参考资源

1. 故事《魔法师》

魔法世界里有一个最厉害的魔法师，他的名字叫布迪，布迪每天拿着魔法棒走来走去，用他厉害的魔法去帮助有困难的人。一天，艾瑞的妈妈焦急地喊着："布迪，快来帮帮艾瑞吧，他肚子疼得直哭，汗珠滴答滴答地往下掉。"布迪来到了艾瑞家，看见他后问："你怎么了?"艾瑞哭着说："我肚子疼，肚子胀胀的，要拉臭臭，但是拉不出来。"布迪一下子就明白了怎么回事儿，原来艾瑞是个小馋猫，平时吃饭的时候他只吃肉，别的什么都不吃，昨天更是吃了一大盘肉，结果今天就拉不出臭臭了。布迪用魔法棒在艾瑞的身上绕啊绕，嘴里还念着咒语，并给了艾瑞"解药"。"解药"是什么呢？原来是一盘青菜和一盘水果，布迪告诉艾瑞每天都要吃青菜和水果才能顺畅地拉出臭臭，艾瑞有了今天的教训，乖乖地吃起青菜来，从此艾瑞的肚子再也没有疼过，人们都夸布迪真厉害，布迪说："食物的魔法最厉害。"

2. 常见食物的标准营养价值

青椒：果肉厚而脆嫩，维生素 C 含量丰富。食用方法：可凉拌、炒食、煮食、做馅、腌渍和加工制罐，制蜜饯。

菠菜：菠菜有"营养模范生"之称，它富含类胡萝卜素，维生素 C，维生素 K，矿物质(钙质、铁质等)，辅酶 Q 等多种营养素。

小白菜：是一种常见的蔬菜，它可以美化皮肤，促进牙齿和骨骼的发育。小白菜的营养价值非常高，其中维生素 C 的含量和作用在蔬菜中都是非常突出的。

香蕉：富含蛋白质、脂肪、碳水化合物、膳食纤维、胡萝卜素、B 族维生素、维生素 C、烟酸、钙、磷、铁等。香蕉含有大量碳水化合物，因此食用香蕉能为机体提供充足的能量。香蕉的淀粉含量高，饱腹感强，因此适量吃香蕉还能减少对其他食物的摄入，起到减肥瘦身的作用。香蕉中含有大量钾离子，钾离子不仅能够维持身体电解质平衡，还能降低血压，起到防治心血管疾病的作用。香蕉中富含膳食纤维，膳食纤维在胃中可吸水增强饱腹感，进入肠道后吸水增加粪便体积，可促进排便。因此长期便秘的人吃香蕉有润肠通便的作用。

中班活动3：肚子里有个火车站

(一)活动背景

中班是幼儿形成科学进餐的重要时期，这个时期的幼儿会出现挑食、暴饮暴食、浪费食物以及边说话边进餐等不良进餐行为。教师应及时引导幼儿了解科学进餐知识。本活动针对如何有效培养幼儿良好的进餐习惯这一问题，结合生动有趣的健康绘本《肚子里有个火车站》，用幼儿感兴趣的方式，让幼儿了解自己的消化系统，养成科学进餐的习惯。

(二)活动目标

第一，从绘本故事中发现进餐中容易发生的安全隐患。

第二，掌握科学进餐的方法，例如，细嚼慢咽、不贪吃生冷食物等。

第三，了解人体的消化系统，知道科学进餐的意义。

(三)活动准备

《咕噜噜》音频、绘本PPT。

(四)活动过程

1. 问题导入，引发幼儿猜想，吸引幼儿注意力

师：听，这是什么声音(播放咕噜噜的声音)。

师：这个“咕噜噜”的声音是这位小女孩发出的声音，她的名字叫朱莉娅(出示女孩图片)，朱莉娅的肚子为什么会发出“咕噜噜”的叫声，请小朋友猜一猜。

师：小朋友的猜想到底对不对呢？带着这个疑问，让我们一起欣赏这个有趣的绘本故事《肚子里有个火车站》吧。

2. 播放绘本PPT，教师完整讲述绘本

师：原来刚刚“咕噜噜”的声音是朱莉娅肚子里的小精灵发出来的，它是提醒朱莉娅该吃饭啦，在吃饭时朱莉娅发生了什么事情？

3. 复讲绘本，引导幼儿指出朱莉娅不正确的进餐习惯

复讲绘本P6-P8，引导幼儿观察狼吞虎咽对小精灵的影响。

师：仔细观察小精灵，他们的表情是什么样的？发生了什么事情？为什么会这样？

(2)复讲绘本 P13-P15，引导幼儿观察生冷食物对小精灵的影响。

师：请小朋友仔细观察这次小精灵遇到了什么问题？为什么会这样？

4. 初步了解人体消化系统(P9-P12)

师：小精灵都做了哪些工作？食物到身体里是怎么被消化的？

小结：小精灵需要将食物分成小块，然后装上“火车”运走。食物进入胃肠后需要被分解成很小才能被胃肠吸收。

5. 了解不科学进餐带来的危害，掌握科学进餐的方法

师：仔细阅读绘本，结合小精灵的工作内容，说一说朱莉娅的什么行为导致她肚子疼？她的身体又是怎么变好的？

小结：朱莉娅没有充分咀嚼食物，导致食物太大将小精灵砸晕而不能工作，朱莉娅又吃了寒凉的食物将小精灵冻住了，使小精灵没法工作，所以导致肚子疼。当她喝了温水后，温暖了肠胃，小精灵开始正常工作，身体就变好了。

师：我们吃饭的正确做法是什么？

小结：小朋友们，我们吃到肚子里的食物要经过消化才会被身体吸收。所以我们吃东西时，要细嚼慢咽，不贪吃生冷、寒凉食物，运动后休息一会儿再进餐，为了身体健康，进餐时要细嚼慢咽，养成好的饮食习惯。

（五）活动评价

本次活动以有趣的绘本故事展开，并对故事中的每个重要环节进行延伸，使孩子们在有趣的绘本中了解科学进餐的意义。通过分析绘本内容，使幼儿找出身边存在的进餐环节的安全隐患，从而提高幼儿的安全意识。

（六）活动延伸

投放“食物跑道”玩教具供幼儿操作，了解不科学饮食的危害。

（七）参考资源

[德]安娜·鲁斯曼(文)，舒尔茨·史蒂芬(图). 肚子里有个火车站. 张振，译. 北京：北京科学技术出版社，2011.

中班活动 4：让疾病逃跑吧

（一）活动背景

幼儿园是幼儿集中生活和学习的地方。由于幼儿园人多，人群密集，所以非常容易导致各类传染病的传播。为了让幼儿认识常见的传染病，增加幼儿的自我防护意识，特设计此次活动，并选取了急性肠胃炎(如感染诺如病毒)这种幼儿园中发病率最高的儿童传染病，让幼儿对高发传染病的症状有初步的了解，并知道如何预防来保护自己。

(二)活动目标

第一，了解常见急性肠胃炎的发病特征和病因。

第二，在生病期间不过激抗拒吃药、打针等。

第三，在诺如病毒传染高发期有自我防护意识。

(三)活动准备

1. 活动材料准备

将教室布置成儿童医院的模式，准备医生套装若干，(衣服、帽子、检查工具等)，急性肠胃炎疾病特征标签每人一套，相关病症图片若干(详见资源)。

(四)活动过程

1. 幼儿扮演医生角色，帮助患病幼儿诊病

师：朵朵班的小朋友最近都开始拉肚子了，马医生已经忙不过来了，他需要得到我们班小朋友的帮助，你们可以来扮演医生，帮助这些小病人吗?

师：在诊断病人之前，我们需要先学习怎样确定病人患的是哪几种病。

2. 出示图片，向幼儿介绍传染病的特征

师：小朋友们请仔细观察图片，说一说图片上的小朋友出现了哪些身体不适的症状?

小结：一般患由诺如病毒引起的急性肠胃炎会有发烧、恶心、腹泻、呕吐等症状，幼儿多以呕吐为主，所以当小朋友出现呕吐时，大家不要好奇围观，要远离呕吐物。

3. 介绍诺如病毒，帮助幼儿了解其传播途径和预防措施

师：是谁让图片上的小朋友出现身体不适的症状呢?(出示图片)就是这个像发霉的红荔枝的病毒，它的名字叫诺如病毒。

师：诺如病毒是怎么进入小朋友身体的?

(幼儿自由谈论观点)

小结：诺如病毒会随着患病人的呕吐物、粪便被排出体外，然后污染了玩具或食物、水源。当小朋友玩过被污染的玩具或是吃过被污染的食物时，就会感染病毒。

师：怎样才能预防感染诺如病毒所呢？

（幼儿自由谈论观点）

小结：要保持卫生，不碰脏东西，勤洗手，做到不吃生冷寒凉食物，不喝生水。

4. 教师扮演患儿，邀请幼儿诊病

由教师扮演患病的幼儿，并表现出患有急性肠胃炎的疾病特征（教师需最大限度贴近患病幼儿症状，比如腹痛、呕吐、要拉肚子、发烧等，尽量突出病症的特点），请幼儿帮助教师确诊患的什么病。

师：请说出为什么老师患的是急性肠胃炎。

师：请说出应该怎么预防急性肠胃炎的发生。

5. 幼儿自主游戏，角色扮演

幼儿可自由扮演角色（医生、患者、家属），并根据角色相应的说出患病特征和预防方法。

6. 幼儿防护建议及措施

小结：今天，我们的小朋友都辛苦啦，帮助了好几位“患者”诊病，马医生要好好地感谢我们的小朋友，并且要我告诉小朋友，在传染病高发期间，要少去人多的地方，勤洗手、多喝水，还要吃煮熟的食物，这样才能保护好自己，避免生病。

（五）活动评价

对幼儿来说，关于疾病的认识和了解是一个比较晦涩难懂的地方，将知识点融入情景游戏中，并且让幼儿通过亲身体验、角色扮演的方式来了解这些知识，可以使幼儿更好地理解疾病的危害，树立安全保护意识。

可以将医生请到幼儿园中来，让幼儿了解医生给病人看病的过程。

（六）活动延伸

将诺如病毒预防图示张贴到主题墙或班级墙上，供幼儿阅读学习。

将活动中的教具投放到区域内，供幼儿进行角色扮演，巩固幼儿对常见疾病的发病特征及自我保护方法的掌握。

（七）参考资源

拔萝卜·预防诺如病毒版

拉肚子/会呕吐
它的名字/叫诺如/这种病毒/要防住
小朋友/快快来/快来和我们防病毒

水要开/食要熟
饭前便后/要洗手/嗨哟嗨哟/要洗手
小朋友/要记住/生吃瓜果也要清洗

呕吐物/会感染
嗨哟嗨哟/会感染/嗨哟嗨哟/要清理
小朋友/要远离/消毒之后还要冲洗

脏食物/要丢弃
嗨哟嗨哟/要丢弃/嗨哟嗨哟/要注意
小朋友/别忘记/卫生饮食要记心里

五、 主题单元幼儿表现评估

主题__________

班级__________　　幼儿姓名__________　　教师姓名__________

评价者__________　　日期__________

评估准则：完全掌握或做到为 4 分；有时掌握或做到为 3 分；初步掌握或做到为 2 分；暂未掌握或做到为 1 分。

学习目标	具体表现	1 分	2 分	3 分	4 分
1. 掌握辨别健康食品和垃圾食品的基本方法，了解垃圾食品会对身体造成的危害					

续表

学习目标	具体表现	1分	2分	3分	4分
2. 知道偏食、挑食给人身体带来的危害，能够初步做到不挑食、不偏食					
3. 初步了解人体的消化系统，知道细嚼慢咽、不贪吃生冷食物等科学的进餐方式和饮食习惯对身体的好处					
4. 知道由不科学饮食引起的常见传染病的类型和特征，在传染病高发期有自我防护意识					
5. 帮助幼儿养成科学进餐的习惯，萌发幼儿对健康食物的喜爱之情					

中班自然灾害防范安全

一、 主题单元背景资料

4~5 岁幼儿活泼、好动，基本动作灵活，并且富于想象，喜欢用感官去探索、了解新奇的东西，喜欢寻根刨底，能独立表述生活中的各种事物，能接受成人的指令，完成一些力所能及的任务，而且开始控制自己的情绪。

基于幼儿的年龄特点，立足幼儿的发展需要，通过观察不同的自然灾害场景，分析判断正误，获得安全防护新经验，进而提高幼儿对事物的分析判断能力；通过观看视频、课件、与同伴交流等方式拓宽幼儿对自然灾害的认知，学习基本的自救方法，直观感受地震带来的危害，进而敬畏自然，树立环境保护意识；通过游戏、模拟演练等方式，巩固、运用所学的自救方法，强化其面对灾难不慌乱，积极求生的意识。

二、 主题单元目标

第一，认识到自然灾害对生活的影响。

第二，能勇敢、坚强地面对自然灾害。

第三，初步学习防范自然灾害的正确方法。

第四，知道简单的求助方式。

第五，了解自然灾害产生的原因与环境保护之间的关系。

三、 主题单元环境创设

（一）墙饰创设

结合“中班自然灾害防范安全”主题的目标与内容，墙饰分为五个部分。

1. 台风来了，暴雨来了

展示被台风吹倒的树木和吹垮的房屋、被暴雨淹没的路面和房屋以及台风、暴雨预警信号的图片，供幼儿观察交流。

（见教育活动“台风来了，暴雨来了”）

2. 冰雪好玩要当心

张贴幼儿玩雪、玩冰的图片以及厚棉袄、幼儿锻炼身体、多喝水等图片，供幼儿观察讲述（见教育活动“冰雪好玩要当心”）。

3. 避雷电，躲冰雹

展示雷电、冰雹天气符号，供幼儿自主认识；提供避雷电、躲冰雹的防范图示，供幼儿学习与讲述。图文并茂展示“我会辨对错”游戏的玩法及规则，让家长明晰，并及时向幼儿展示家长带孩子一起游戏的照片，供幼儿交流（见教育活动“避雷电、躲冰雹”）。

4. 洪水来了怎么办

展示家长与幼儿收集的有关水灾产生的原因及自救方法的资料；收集并展示家长和幼儿在不同生活场景的自救演练的照片，展示幼儿设计的水灾自救宣传画张贴到园内外适宜位置的照片（见教育活动“洪水来了往哪躲”）。

5. 地震了怎么办

展示家长与幼儿收集的地震相关资料，供幼儿讲述；收集并展示家长带幼儿进行“入园（放学）途中遇震”“家中遇震”演练的照片，供幼儿回顾，强化幼儿安全防范意识（见教育活动“地震了怎么办”）。

（二）区域活动

1. 语言区

①提供手机一部，供幼儿将感谢“防雷电小卫士”“防冰雹小卫士”的话录下

来，请老师帮忙发给“小卫士”，以表达幼儿的感激之情。

②提供有关洪灾危害、洪灾产生原因及防范洪灾举措、洪水来临时的逃生自救方法的剪辑视频、汶川地震相关视频、地震自救课件等，供幼儿自主观看及交流、记录。

③提供幼儿玩“洪水来了怎么办”游戏时的照片，供幼儿相互交流发生洪水时的自我保护方法；提供“室内遇震，向室外转移”“户外遇震，向开阔地转移”的演练照片，供幼儿回顾、讲述。

④提供有关自然灾害及防灾减灾的图画书，供幼儿自主阅读。

⑤提供纸笔，供幼儿绘制防范自然灾害的图画书。

2. 表演区

提供“防雷电小卫士”“防冰雹小卫士”胸饰等材料，创设表演情境，供幼儿自主扮演，为成为“小卫士”而感到自豪。

3. 美工区

①提供彩笔及卡纸、展示台等材料，供幼儿用绘画的方式把防雷电和冰雹的正确做法画出来，并进行展示。

②提供制作宣传画的材料，如油画棒、剪刀等材料，供幼儿自主设计水灾自救的宣传画，并鼓励其张贴到园内外的适宜位置进行宣传。

4. 生活区

提供游泳圈、轮胎、木板等能浮在水面上的物体，供幼儿进行“洪水来了往哪躲”的自救演练活动。

（三）班级文化

1. 引发幼儿自主探究学习的兴趣

中班幼儿喜欢不停地看、听、摸、动，积极地运用感官去探索、去了解。活动前为幼儿提供自主了解、关注自然灾害的机会，活动中创造条件让幼儿看、听，活动后将有关材料投放到相应的活动区，为幼儿自由选择、自主探究提供支持，使幼儿认识自然灾害，习得相关防范安全小常识。

2. 引发幼儿的规则意识

中班幼儿不仅开始表现出自信，而且规则意识萌芽，通过以自然灾害为主题的情景模拟、自救演练、表达交流等活动，让幼儿懂得特定情形下遵守特定规则要求的重要性；迁移经验，强化幼儿遵守共同制定的规则，坚持遵守规则的意识。

四、 主题单元教育活动方案

中班活动 1：台风来了，暴雨来了

（一）活动背景

为满足幼儿通过直接感知、实际操作获取经验的需要，本活动拟采用视频分析、图片观察、交流分享、游戏模拟等方式，引导幼儿体验台风、暴雨对生活的影响，提醒幼儿关注预警标志，掌握简单的防范措施。

（二）活动目标

第一，大胆交流对台风、暴雨的认识，主动表达自己的想法。

第二，关注台风、暴雨预警，知道台风暴雨来临前及过程中、后的相关防范措施。

第三，认识到台风、暴雨对生活的影响。

（三）活动准备

音频《台风来了，暴雨来了》；视频《台风暴雨天如何预防》《台风预警信号》；台风吹倒的树木和吹垮的房屋、被暴雨淹没的路面和房屋的图片；台风、暴雨预警信号的图片。

（四）活动过程

1. 播放《台风来了，暴雨来了》音频

师：这是什么声音？你听过这种声音吗？遇到这种情况，你是怎么做的？

小结：这是台风和暴雨的声音。一般夏天出现台风、暴雨天气比较多。出现台风、暴雨时，我们要待在家里，尽量不要外出。

2. 观看图片，感知台风、暴雨的影响

师：你经历过台风、暴雨吗？你觉得台风、暴雨对人们的生活有哪些影响？（出示图片）

师：你看到了什么？除了这些，台风、暴雨还会给人们的生活带来哪些影响？

小结：台风的风力大，让我们行走都有困难，我们不能在户外逗留。有时，台风还会把树木和房屋吹倒，把阳台上的花盆吹下，所以一定要多加注意。暴雨会把路面淹没，让车辆和行人看不清前方的路，容易发生交通事故，严重时还会造成洪灾。

3. 交流与分享

感知台风的四个预警信号，学习台风、暴雨来临前及刮台风、下暴雨过程中的相关防范措施

师：台风、暴雨对人们的生活和活动影响这么大，人们要怎么预防呢？你知道它们的天气预警信号吗？蓝色、黄色、橙色、红色分别表示什么意思？

(幼儿自由讨论后，逐一播放视频《台风暴雨天如何预防》《台风预警信号》)

小结：气象灾害预警分为四个等级，分别用蓝色、黄色、橙色、红色四种颜色来表示，分别代表一般、较重、严重、特别严重。有些特殊的情况，如台风会有白色预警，代表最低级别预警。

台风、暴雨来临前：经常收听电台、电视以了解最新的台风动态和预警信号。收起屋外容易被吹起的物品，例如，衣物、花盆等，检查并且关好门窗。

台风、暴雨过程中：留在家里，不到外面玩耍。不能靠近玻璃门窗，以免玻璃破碎被扎伤。

台风、暴雨过后：观看、了解台风动向，确定是否已经安全。台风过后需要注意环境卫生，注意食物、水的安全。经过低洼或水池时观察并确认没有电线掉落，地面平坦。

4. 情境游戏判断正误

巩固掌握台风暴雨来临前及刮台风、下暴雨过程中、后的相关防范措施

教师表演事先排练好的台风或暴雨前、中、后的场景及预防方法。

观看表演后，引导幼儿判断情境中行为的正误，并说明理由。

小结：台风、暴雨作为一种自然灾害，给我们的生活带来了很大影响，我们要学会关注它的预警信息，提早做好预防，当台风、暴雨来临时才不会慌乱、不会害怕。

（五）活动评价

观察幼儿是否感知、体验到台风、暴雨对自己生活的影响。在交流台风、暴雨相关预警信息时，观察幼儿是否能大胆介绍、认真倾听同伴的想法。观察幼儿在分组模拟时是否能按照正确的预防措施进行排练。

（六）活动延伸

在美工区鼓励幼儿开展《我眼中的台风》作品创作。

在科学区增设其他气象灾害的图片及感知材料，引导幼儿探索不同的气象灾害。

鼓励幼儿收集、了解有关台风、暴雨等灾害的信息。

（七）参考资源

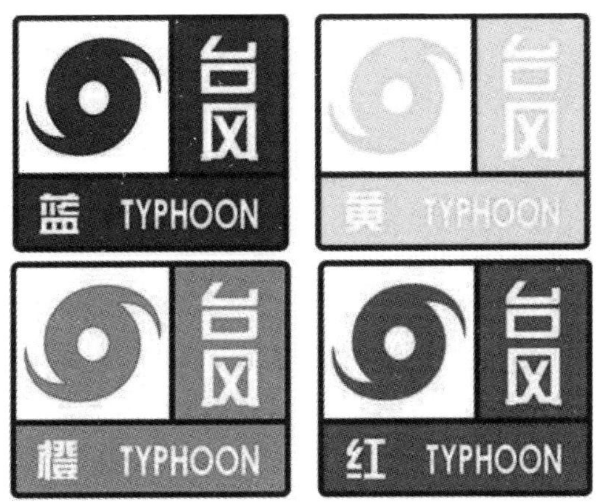

台风预警标志

暴雨预警标志

台风过后的树木和房屋

被暴雨淹没的路面和房屋

中班活动 2：冰雪好玩要当心

（一）活动背景

中班幼儿善于观察、爱表达，对周围的新鲜事物充满好奇。下雪天，孩子们喜欢打雪仗，堆雪人。但由于冰雪的冷和滑等特征给人们生活造成了一定的影响，因此教师要提醒幼儿在冰雪天主动保护自己，防范冰雪带来的伤害。本次活动拟通过视频观察与分享、自主交流与讨论、幼儿抢答赛等方式，引导幼儿了解冰雪天人们的典型行为和防范冰雪灾害的常识。

（二）活动目标

第一，了解防范冰雪的常识和方法，学会主动保护自己。

第二，感知冬天带给幼儿园的变化，了解冰雪天气须注意什么。

（三）活动准备

幼儿玩雪、玩冰的图片/视频；厚棉袄、锻炼身体、小红花奖励等图片。

（四）活动过程

1. 出示幼儿玩雪/玩冰的图片和视频

师：图片/视频中的小朋友在做什么？你们玩过雪/冰吗？心情怎么样？

（幼儿自由发表自己的想法）

小结：图片中的季节是冬天，很冷，天空中会飘落白白的、软软的雪花。温度低，水积在树枝上、屋檐边、水桶里或池塘、江河就会结成凉凉的、硬硬滑滑的冰。图片/视频中的小朋友在玩游戏、堆雪人、滑冰等，看起来很开心。

2. 出示视频与图片，感知冬天的变化

师：（播放视频）看看这是哪里？冰雪天气的幼儿园和平时有哪些不一样吗？

（幼儿与同伴互相交流）

小结：小树、操场和屋顶上都积满了雪。地面上、树枝上、屋檐边、水桶里都结了厚厚的冰。户外活动的时间里，老师会带我们一起堆雪人、打雪仗，真好玩！但是，因为地面结冰了，操场、走廊的地面上竖着一块提示牌——“当心滑倒”，我们还会时不时地看到保安用铲子铲走通道地面上的雪和冰，让我们正常的行走，我们也要注意安全哦！

3. 观察图片，初步掌握预防感冒的方法

师：冰雪天气，我们怎么做才能保护自己呢？

（幼儿自由发表自己的想法）

师：下雪天，天气寒冷，怎样做才能预防感冒不生病？

小结：冰雪天气温度很低、地面湿滑，我们要当心脚下、慢慢走。不能贪玩冰雪，穿适合的衣服，不随便脱衣物，注意保暖，加强身体锻炼，多喝白开水，增强我们的抵抗力，这些方法都可以预防感冒哦！

4. 参加抢答赛，巩固防范冰雪的常识和方法

（介绍游戏玩法与规则）

玩法：将幼儿分成四组，教师出示题目，幼儿抢答。每题以抢到答题机会且答对为胜。胜利组可获得一朵小花作为奖励，一轮结束后视哪组获得小花最多为胜。

规则：听到裁判“开始”口令，举手抢答。第一个举手者表示抢到答题机会，答对题目进入下一轮，答错了全体重新抢答。不经举手，随意回答的算违规，违规组本轮禁止抢答。

师幼共同游戏，教师适时点评。

防范冰雪抢答题主要内容：

冰雪发生前：需注意关注天气预报，做好防寒准备，食品准备充足。

冰雪发生时：汽车减速慢行，路人当心滑倒，尽量不要外出，注意防寒保暖；在家关好门窗，紧固室外搭建物，预防感冒不生病。

冰雪发生后：道路湿滑，行人和车辆要注意慢行，积极清扫积雪。

幼儿游戏时，教师巡回观察、指导。

师幼小结，结束活动。

（五）活动评价

观察幼儿在自主表达与讨论时能否根据自己的已有经验主动交流。观察幼儿在分组抢答时能否遵守规则、正确作答。在活动中，层层递进的促进幼儿进行自我表达与知识建构。

（六）活动延伸

在科学区投放盘子、水和花等进行"冰花"制作，进一步感知冰的基本属性。

在语言区，投放幼儿玩雪和玩冰的照片，供幼儿交流与回顾。

在家园共育中，引导幼儿与爸爸妈妈继续了解冰雪天气自我保护的常识。

（七）参考资源

1. 安全常识

雪灾预警时的防范措施

黄色预警时的防范措施：注意收听天气预报；居民和相关部门做好防寒准备；交通部门做好道路融雪准备；农牧区备好粮草。

橙色预警时的防范措施：司机要小心驾驶，行人骑车要当心路滑跌倒；要注意防寒保暖，老、弱、病、幼等人群不要外出；关好门窗，固紧室外搭建物；船舶进港避风，高空、水上等户外人员停止作业；相关部门做好道路积雪清扫和融化工作；其他同雪灾黄色预警信号防范措施。

红色预警时的防范措施：要特别注意老、弱、病、幼等人群的防寒保暖工作；必要时封闭道路交通；做好牧区的救灾工作；其他同雪灾橙色预警信号防范措施。

2. 预警图片

雪灾预警等级图片

中班活动 3：避雷电，躲冰雹

（一）活动背景

虽然中班幼儿对雷电、冰雹两种灾害性天气已有初步的感知，但对其给人们带来的影响并没有具体的认知，更不知在遭遇这两种灾害性天气时的正确做法。此活动让幼儿在直观感知两种灾害性天气危害的基础上，通过观察不同的场景，进行分析判断，获得安全防护新经验，进而提高幼儿对事物的分析判断能力。

（二）活动目标

第一，认识到遇到雷电、冰雹要躲避，具有安全意识。

第二，了解雷电、冰雹带来的危害，学习躲避雷电、冰雹的正确方法。

（三）活动准备

有关雷电及冰雹危害的视频；雷电、冰雹天气符号的图片；“防雷电小卫士”“防冰雹小卫士”胸饰；防雷电与冰雹相关情景的图片。

（四）活动过程

1. 出示雷电、冰雹天气符号的图片，导入活动

师：这些是什么符号？你遇到过雷电或冰雹天气吗？这样的天气对我们的生活有什么影响？你是怎么保护自己的？

2. 了解雷电天气的危害，学习躲避雷电的方法

（观看雷电天气所致危害的视频）

师：今天，老师请来了幼儿园大班的“防雷小卫士”，他可厉害啦！他知道很多防雷电的方法。他还带了有关雷电危害的视频，我们一起来看看。

(师幼总结雷电天气的危害)

游戏：我会辨对错。

玩法：教师依次出示雷电天气人们防雷电做法的图片，幼儿做动作判断这种做法的正误(正确——双手在头顶做房屋状；错误——双手在胸前交叉)，“防雷电小卫士”检查幼儿的判断情况，并在老师的帮助下，适时进行简单的说明。

规则：幼儿做动作后，不能轻易改变；幼儿熟悉后可加快图片切换的速度。

小结游戏情况及防雷电的方法。

3. 了解冰雹天气的危害，学习躲避冰雹的方法

(观看冰雹天气所致危害的视频)

师：今天，“防雷小卫士”还请来了他的好朋友，他可厉害啦！他知道很多防冰雹的方法，他是“防冰雹小卫士”。他也带了有关冰雹危害的视频，我们一起来看看。

(师幼总结冰雹天气的危害)

游戏：我会辨对错(玩法与规则同上)。

小结游戏情况及防冰雹的方法。

(五)活动评价

认识到雷电、冰雹天气给人们带来的主要危害，遇到雷电、冰雹要躲避；积极参与游戏，掌握正确的自我保护方法。

(六)活动延伸

将活动图片投放在科学区，供幼儿辨别。

鼓励幼儿在美工区用绘画的方式把防雷电和冰雹的正确做法画出来。

鼓励幼儿在语言区把感谢“小卫士”的话录下来，请老师帮忙发给“小卫士”的班级教师。

将“防雷电小卫士”“防冰雹小卫士”胸饰投放在表演区，供幼儿自主扮演。

通过家园联系栏或班级微信群，让家长明确游戏“我会辨对错”的玩法及规则，并建议家长带孩子一起游戏。

（七）参考资源

1. 安全常识

有雷电时要赶快关紧门窗，不要站在窗口；要把房间里的电源线路断开，并拔下插头，同时尽量不要开水龙头；雷雨天不要躲在电线杆、烟囱或大树下；打雷时不要用手机；有雷电时要远离建筑物中外露的水管、煤气管等金属物体及电力设备；不要在水边停留；若在空旷地带听见雷声，应两脚并拢迅速下蹲，双手抱头。

2. 参考书目

姜正国．多元整合幼儿园教育活动资源包．上海：东方出版社中心，2016.

中班活动 4：洪水来了怎么办

（一）活动背景

本活动旨在通过观看视频、与同伴交流等方式拓宽幼儿对洪灾的认知。通过模拟游戏，使幼儿尝试进行洪灾自救，激发其在困境中积极想办法解决问题的意识，并为能保护自己而感到自豪。

（二）活动目标

第一，感知洪灾的危害及产生的原因，树立环保意识，懂得爱护树木。

第二，了解洪灾发生时的自救方法，提高自我保护能力，知道简单的求助方式。

（三）活动准备

有关洪灾危害、洪灾产生原因及人们防范洪灾举措、洪水来临时的逃生自救方法的视频；游泳圈、轮胎、木板等；小红花贴纸若干；手机两部。

（四）活动过程

1. 观看视频，了解洪灾的危害

师：如果下大雨会带来哪些不便？如果连续下大暴雨，会有什么后果？

观看有关洪灾危害的视频，师幼小结洪灾的危害。

2. 观看视频，了解洪灾产生的原因，懂得爱护树木

师：为什么会发生洪灾？怎样减少洪灾？

小结：了解洪灾发生的原因及人们防范洪灾的行动，懂得要爱护树木。

3. 观看视频，了解洪水来临时的逃生自救方法

师：洪水来了，我们可以怎样逃生自救?

(观看视频，了解人们用了哪些方法自救)

小结：小朋友通常的自救方法是跟随成人迅速离开；向他人发出求救信号；及时抱住树木；爬上高地；如果掉进水里要赶快找到能浮在水面上的物体、设法呼救等。

4. 模拟游戏“洪水来了怎么办”，学习洪灾自救的方法

师：如果洪水冲进了我们的幼儿园，而我们正在活动室玩游戏，这时我们该往哪里躲呢?如果我们正在户外操场做游戏呢?

(师幼结合幼儿园的实际场景进行自救方法小结)

介绍游戏玩法及规则。

玩法：教师与幼儿依次在一楼某活动室、户外操场两个场景进行游戏。当教师说“洪水来了”，幼儿马上想办法进行自救，选择自救方法后保持不动，教师倒数 10 个数后，与配班教师一起检查，在方法正确的幼儿胸前贴红花、拍照留念，并要求其继续保持不动，待教师说“洪水走了”，幼儿迅速回到教师和配班教师身边，分两组进行报数接龙。

规则：教师倒数 10 个数后，将随意改变自救方法和随意走动的幼儿视为自救失败；报数接龙时，注意聆听前一位“归队者”的报数。

小结游戏情况及洪灾自救的方法。

(五)活动评价

能够主动了解洪灾的危害及产生的原因；在游戏时，能遵守游戏规则，根据实际场景，积极自救，愿意在困境中积极想办法解决问题，为能保护自己而感到自豪。

(六)活动延伸

在美工区投放制作宣传画的材料，供幼儿自主设计水灾自救的宣传画，鼓励其张贴到园内外的适宜位置。

将幼儿进行游戏“洪水来了往哪躲”时的照片打印出来，投放在语言区，供幼儿相互交流。

邀请家长和幼儿一起在不同的生活场景进行水灾的自救演练。

（七）参考资源

姜正国．多元整合幼儿园教育活动资源包．上海：东方出版中心，2016.

中班活动 5：地震了怎么办

（一）活动背景

本活动立足地震自然灾害，通过邀请家长带领幼儿收集地震的相关资料，让幼儿获得有关地震的信息；通过视频资料，让幼儿直观感受地震带来的危害，进而敬畏自然，萌发应对灾难的欲望；基于幼儿生活，利用课件，使幼儿学习基本的自救方法，并通过演练巩固、运用，强化其面对灾难不慌乱，积极想办法求生的意识。

（二）活动目标

第一，了解地震给人们的生产、生活带来的灾难。

第二，知道发生地震时应该如何应对，遇到危险时有求生的意识。

第三，尝试情境迁移，能勇敢、坚强地面对灾难、做到不慌乱，并用正确的方法自救、逃生。

（三）活动准备

汶川地震相关视频；课件“地震自救”；警报录音。

（四）活动过程

1. 谈话导入，回顾已有经验

师：关于地震，你知道什么？

（引导幼儿利用收集的资料自主表达，教师视情回应）

2. 观看汶川地震相关视频

师：谁知道汶川地震？能与伙伴们说说吗？

师：（观看视频后）以前汶川发生了什么事情？地震给人们生活的家园带来了怎样的变化与危害？

小结：发生在城市或城市附近的大地震，通常会造成大量人员伤亡和巨大的财产损失，有时甚至将城市彻底摧毁。地震常能引起火灾、水灾、有毒气体泄漏、细菌及放射性物质扩散，还可能造成海啸、滑坡、崩塌、地裂缝等其他灾害，受灾的人们生活不便，也不能正常工作，心情悲痛。

3. 演示课件“地震自救”，迁移情境，了解地震自救的方法

师：如果地震来了，我们应该怎么办？

(观看课件“地震自救”)

师：你学到了哪些新的自救办法？

迁移情境，说一说，学一学在不同场景遇到地震的自救办法。

场景一：活动室——如果你正在活动室玩游戏，地震来了，你会怎样保护自己？如果来不及跑，怎么办？如果可以跑，你会跑到幼儿园的哪里？跑的过程中怎么保护自己？

小结：地震时不要慌张，听从老师指挥，就近躲避，蹲下、坐下或趴下，尽量蜷曲身体；双手要牢牢抓住身边的牢固物体，低头、闭眼，以防异物侵入，保护眼睛。震后迅速跑到室外开阔、安全的地方避震。在跑的过程中要低头，用手护住头部或后颈，保护头颈部；用湿毛巾捂住口、鼻，以防灰尘、毒气吸入，保护口、鼻。

场景二：户外场地——如果你在幼儿园户外玩玩具，地震来了，你会怎样保护自己？

小结：地震时不要慌张，听从老师指挥，迅速离开幼儿园高大的房子或玩具，就近选择开阔地方蹲下，双手保护头部，不要随便返回室内，不要乱跑、乱挤，待地震过后再老师指挥行动。

场景三：入园(放学)途中——如果你正在来幼儿园或回家的路上，地震来了，你会怎样保护自己？

小结：地震时不要慌张，听从大人指挥，如果在汽车上，要赶快下车，靠近车辆坐下或躺在车边；如果步行，就近选择开阔地方蹲下，双手保护头部，注意避开变压器、电线杆、路灯等危险物。

场景四：家中——如果你在家，地震来了，你会怎样保护自己？

小结：地震时不要慌张，听从大人指挥，如果来不及逃到室外，就找大床、桌子、沙发，最好躲在支撑多、空间小的卫生间。

4. 地震自救演练

(1)介绍演练的内容与要求

演练一：室内遇震，向室外转移——幼儿在活动室四散活动。当听到警报声，在老师的指挥下，取湿毛巾，向幼儿园户外开阔地转移，关注幼儿在转移过程中的速度、秩序及保护方法。

演练二：户外遇震，向开阔地转移——幼儿在幼儿园户外四散活动。当听到警报声，在老师的指导下，迅速离开幼儿园高大的房子或玩具，就近选择开阔地方蹲下，提醒幼儿双手保护头部，不乱跑、乱挤。

(2)师幼共同演练

每次演练，警报解除后，鼓励幼儿相互拥抱，并肯定幼儿好的自护行为。

师幼小结，结束活动。

（五）活动评价

根据收集的资料，表述地震给人们的生产、生活带来的灾难。

知道如何应对地震，能说出相应情景中几种正确的自救、逃生方法。

参与演练时，不慌乱，有积极想办法求生的意识。

（六）活动延伸

多次组织幼儿进行“室内遇震，向室外转移”“户外遇震，向开阔地转移”的演练。

请家长与幼儿继续收集地震资料，并引导幼儿进一步了解地震自然灾害，强化自我保护意识。

请家长多次带幼儿进行“入园(放学)途中遇震”“家中遇震”演练。

（七）参考资源

地震开始发生的地点称为震源，震源正上方的地面称为震中。破坏性地震的地面振动最烈处称为极震区，极震区往往也就是震中所在的地区。地震常常造成严重的人员伤亡，能引起火灾、水灾、有毒气体泄漏、细菌及放射性物质扩散，还可能造成海啸、滑坡、崩塌、地裂缝等次生灾害。

1. 在家中的避震方法

千万不能滞留在床上；千万不能站在房间中央；这都是身体最暴露、最不

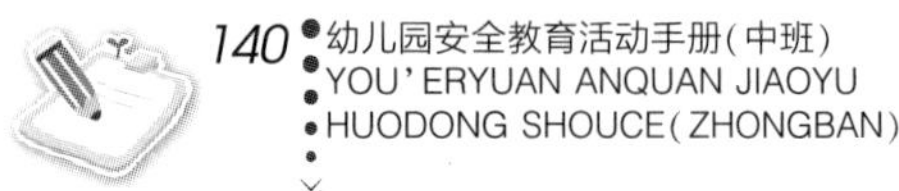

安全的地方!

住高层的朋友，较安全的躲避地方有:

较大物体旁边(一定不要藏在下面，会更危险的)；低矮、牢固的家具旁边；空间小、有支撑的房间，如卫生间；内承重墙墙角；震前准备的避震空间。

千万不能跳楼；不要到阳台上；不要到楼梯上；不要去乘电梯；如果震时在电梯里应尽快离开；若门打不开要抱头蹲下，抓牢墙上的扶手；不要到处乱跑，特别不要到楼道人员拥挤的地方去。

住平房的朋友:

如果室外场地开阔，发现预警现象早，可尽快跑出室外避震。

室内避震较安全的地点:

震前准备的避震空间。

震时不应采取的行为:

不要躲在屋顶大梁下；不要躲在窗户边；不要靠近不结实的墙体；不要破窗而逃，以免被玻璃扎伤或摔伤。

2. 在学校的避震方法

一切行动听老师的指挥；同学之间要互相照顾，特别对年小体弱、有残疾的同学要多关照。

①正在上课时。

要在老师指挥下，迅速抱头、躲在各自的课桌下(慎行)；震时千万不要慌乱拥挤外逃，待地震过去后再由老师带领，有组织地疏散；如果教室是楼房，不要跳楼，不要拥向楼梯等。

②在操场或室外时。

若在开阔地方，可原地不动，蹲下，双手保护头部；注意避开高大建筑物或危险物；不要乱跑、乱挤，待地震过后再按老师指挥行动。

3. 在户外的避震方法

迅速离开各种高大危险物；就近选择开阔地避震；不要随便返回室内。

注意避开高大建筑物和构筑物:

楼房，特别是有玻璃幕墙的建筑；过街桥、立交桥上下；高烟囱、水塔等。

注意避开危险物、高耸或悬挂物:

变压器、电线杆、路灯等；广告牌、吊车等。

注重避开其他危险场所：

危旧房屋、危墙；矮墙、雨篷下；砖瓦、木料等物的堆放处。

五、 主题单元幼儿表现评估

主题__________

班级__________ 幼儿姓名__________ 教师姓名__________

评价者__________ 日期__________

评估准则：完全掌握或做到为 4 分；有时掌握或做到为 3 分；初步掌握或做到为 2 分；暂未掌握或做到为 1 分。

学习目标	具体表现	1 分	2 分	3 分	4 分
1. 能认识到自然灾害的影响					
2. 能勇敢、坚强地面对自然灾害					
3. 初步学习防范自然灾害的正确方法					
4. 知道简单的求助方式					
5. 了解自然灾害产生的原因与环境保护之间的关系					

中班身体安全

一、 主题单元背景资料

幼儿生性好动，对很多事情充满好奇，但其缺乏生活经验，许多行为容易对身体造成伤害，例如，手指被门夹到、眼睛被书角刮伤、因贪吃糖果又清洁不当造成龋齿、因频繁抠鼻子而流鼻血不止等。因此，对于该年龄段幼儿而言，应强化其自我保护意识让幼儿学习保护身体的方法。

本主题单元旨在强化中班幼儿对危险产生的原因的认识，并让幼儿在直接感知、亲身体验中了解和掌握避免危害发生和保护身体各部位的方法，丰富自我保护的经验，提高自我保护能力。

二、 主题单元目标

第一，对探索身体部位感兴趣，进一步认识眼睛、牙齿、手等身体部位的重要功能与常见的不良使用习惯。

第二，认识男女隐私部位的不同，学习保护隐私部位的方法。

第三，习得用眼卫生，预防龋齿，正确洗手等的方法。

第四，发生意外伤害时，会及时向有关人员呼救和求助。

三、 主题单元环境创设

(一) 墙饰创设

本次主题活动墙面不仅有可爱、形象的卡通展示，还有符合中班年龄特点的亲子创意绘画展示。通过设置奖励机制增添幼儿与环境互动的兴趣，让幼儿在兴趣的引领下认识保护身体的正确方式。“中班身体安全”的主题活动目标及内容延伸出以下四个板块。

1. 身体急救箱

该板块分为“眼睛流泪”“流鼻血”“口腔内有龋齿”“被弄脏的双手”四部分。各板块用泡沫纸板制作成急救箱形状，展示与主题相关的场景照片、卡通画等内容。

幼儿在主题活动期间与家长共同交流遇到以上四种情况的处理方法，然后将讨论的结果用亲子合作绘画、亲子合作拍照的方式记录下来并展示在分区中。幼儿可以通过对比的方式，学习同伴中较好的处理方式。

2. 宝宝爱干净

版头展示正确与不正确洗手方法的对比照片，让幼儿判断并找出正确的洗手方法照片。

主体部分按照一日生活环节顺序用图画形式展示需要洗手的环节(户外活动后、餐前、便后)，幼儿完成每日的洗手内容后，可以在自己的照片下面贴一张大拇指的贴纸。教师通过记录情况，每周或每个学期末给幼儿奖励宝宝爱干净奖状。

3. 牙齿爱什么

让幼儿在白纸上画出两个大大的牙齿并剪下来，在“牙齿”展板上方分别贴出健康以及不健康牙齿的照片，幼儿将每日发现的对牙齿健康有好处以及有害处的物品或者行为在美工区记录下来，尝试沿线条将绘画内容剪下并分类粘贴到不同的“牙齿”板块的下方，以此提醒幼儿保护自己的牙齿。

4. 男孩女孩不一样

从衣、食、住、行四个方面开展“男孩女孩不同点”讨论活动。教师将幼儿的语言记录下来，用便利贴粘贴在这一板块，将幼儿讨论出来的男孩、女孩之间的不同点以图片的形式展示出来从而加深幼儿的印象。

（二）区域活动

1. 科学区

投放图片，即列出大人与小孩的几种相处状态、方式，让幼儿判断该方式是否恰当，并说说遇到这种情况应该怎么做。

提供眼睛模型，让幼儿触摸模型，使幼儿根据模型说出眼睛不同部位的名称以及作用。

2. 美工区

提供镜子、白纸和水彩笔。幼儿通过观察镜子里的牙齿，把牙齿情况以绘画的形式记录下来。

提供有厚度的白纸、日常生活中的食物包装袋、水彩笔以及剪刀。幼儿可以根据投放的实物包装袋，以绘画形式记录对牙齿友好与不友好的食物，剪下来放到“牙齿爱什么”主题墙。

3. 角色扮演区

提供医生服饰以及医院类的材料玩具(棉花、小镜子、视力检查表、手电筒等)；提供“五官科”“牙科”等字样，制作成区域的名称粘贴在合适的位置。幼儿根据所提供的材料自发进行角色扮演类游戏。

(三)班级文化

1. 引导幼儿认识五官的结构，了解保护五官的方法

中班幼儿读图、理解能力逐步提高。在科学区投放相应的“五官”模型，增设相应的角色游戏，让幼儿通过观察、触摸感知五官的结构。在游戏互动中认识五官的用途，在此基础上进一步学习保护身体、五官的方法。

2. 在关注自身的过程中发现男孩、女孩的差别

中班幼儿的性别意识逐步形成。教师结合主题墙的创设与集体活动让幼儿感知男孩、女孩的不同。结合环创墙面内容，进一步认识男孩、女孩除生理部位有不同外，在平时的日常生活中也会有所不同。

四、 主题单元教育活动方案

中班活动1：保护我们的大眼睛

(一)活动背景

眼睛是心灵的窗户，也是人类感官中最重要的器官。近年来，近视日渐低

龄化，很多幼儿园的孩子已经戴上了厚重的眼镜。幼儿近视的主要原因是没有形成好的用眼习惯，如用脏手揉眼睛、坐姿不端正等。本活动设计旨在帮助中班幼儿了解生活中伤害眼睛的因素，学会保护眼睛的常见方法，提高幼儿的自我保护能力和安全意识。

（二）活动目标

第一，认识到眼睛是重要的身体器官，萌发爱护眼睛的意识。

第二，学会保护眼睛的常见方法。

（三）活动准备

电脑、PPT(内含小鱼、小猫及人类眼睛的图片、长时间或近距离看电视图片、异物进眼睛图片、脏手揉眼睛图片、光线暗看书/电子产品图片、趴着看书图片以及与以上用眼场景相对应的保护眼睛的图片)；长时间看电视、利器戳到眼睛和脏手揉眼睛的视频；各种受伤的眼睛及保护眼睛的图片人手一份。

（四）活动过程

1. 找一找，引入主题

教师分别出示小鱼、小猫及人类的眼睛图片，幼儿观察图片，找出人类的眼睛。

师：小朋友，今天老师带来了几幅图，请用你的大眼睛找出人类的眼睛。

师：你们的眼睛真厉害！今天，我们要学习和眼睛有关的知识。

2. 摸一摸，知道眼睛是身体重要的器官

教师介绍游戏玩法。

师：下面我们来玩一个和眼睛有关的游戏——蒙眼摸物，老师将邀请三位小朋友，分别戴上眼罩，找一找图书放在哪里，谁先找到谁就赢了。

幼儿进行游戏。

游戏结束，教师小结。

师：眼睛是最重要的感官，可以帮助我们看到美丽的风景，可爱的同伴，亲爱的家人。

3. 看一看，判断对错

教师播放视频，幼儿了解日常生活中容易让眼睛受伤的行为。

(视频一：猪猪长时间看电视，眼睛受伤了)

师：小朋友们，视频里的猪猪在做什么？

师：后来猪猪发生了什么事？

(视频二：海绵宝宝喝饮料，吸管不小心戳到眼睛)

师：海绵宝宝的眼睛怎么啦？

师：为什么会肿成黑眼圈？

(视频三：布鲁克被蚊子咬后涂风油精，不小心把风油精弄进眼睛里)

师：布鲁克被风油精弄进眼睛后，发生了什么事？

师：布鲁克为什么哭了？

小结：一些锋利或刺激的东西，会让我们的眼睛受伤，小朋友们千万不能尝试视频里的行为，避免眼睛受伤。

4. 了解强烈阳光对眼睛的刺激，萌发保护眼睛的意识

师：周末跟爸爸妈妈去公园玩，当太阳光很强时，爸爸妈妈会给我们撑伞、戴上帽子、墨镜等，为什么？

小结：当光线太强时，会对我们的眼睛产生刺激，伤害到眼睛，所以我们会通过撑伞、戴墨镜或帽子的方式保护眼睛。

5. 学会保护眼睛的常见方法

(1)配对游戏，初步探索保护眼睛的方法

教师出示"眼睛受伤"和"正确保护眼睛的方法"两种图片，请幼儿连线配对。

(2)自主讨论，进一步掌握保护眼睛的方法。

师：小朋友们，森林里的动物应该怎么保护眼睛？请找到正确做法的图片。

6. 播放轻音乐，做眼保健操

师：看了这么久，我们的眼睛也有点累了，让我们闭着眼睛，开始做眼保健操吧!

(五)活动评价

通过播放图片与视频，让幼儿感知生活中伤害眼睛的不利因素，再通过配对游戏，让幼儿掌握保护眼睛的正确方法。活动中，教师多次给予幼儿自主讨论的机会，让幼儿主动思考，与同伴讨论，并循循善诱，引导幼儿调整避免伤害眼睛的行为。小结部分，教师着重强调了本次课的重难点，巩固幼儿保护眼睛的意识。

（六）活动延伸

1. 相关活动延伸

组织幼儿讨论“眼睛生病了怎么办”，进一步强化幼儿的护眼意识。

2. 一日生活、游戏、区角等活动延伸

美工区：

教师投放空白脸谱、画纸、笔、剪刀、双面胶等工具，幼儿可进行“画眼睛、贴眼睛”的游戏，巩固幼儿对眼睛的结构及位置等相关知识。

角色扮演区：

教师可以在角色扮演区投入医生服饰、视力表等工具，幼儿通过扮演眼科医生的角色，巩固保护眼睛的正确方法。

语言区：

投入与保护眼睛相关的绘本，让幼儿通过阅读绘本，了解眼睛的结构及作用，懂得保护眼睛的重要性，掌握保护眼睛的正确方法。

3. 家园亲子活动延伸

鼓励幼儿在家与爸爸/妈妈一起做眼保健操，与家人共同约定看电视/电脑的时间，减少视力的损伤，保护眼睛。

教师鼓励幼儿回家后与家人一起玩“躲光光”的游戏。请家人关灯半小时，再重新打开灯，体验光对眼睛刺激的感受。

（七）参考资源

1. 与眼睛相关的节日

全国爱眼日是每年的 6 月 6 日，眼睛是最重要的器官之一，不当的用眼习惯会导致眼部疾病，危害身体健康。

1992 年，天津医科大学眼科教授王延华与流行病学教授耿贯一首次向全国倡议设立爱眼日，倡议得到响应并将每年的 5 月 5 日定为“全国爱眼日”。

1996 年，教育部、团中央、中国残联等 12 个部委联合发出通知，将爱眼日活动列为国家节日之一，并重新确定每年的 6 月 6 日为“全国爱眼日”。

2. 参考书目

关月玲．爱护我们的眼睛．咸阳：西北农林科技大学出版社，2012.

[日]加古里子．我会保护眼睛．北京：北京科学技术出版社，2018.

尹树国．儿童彩色视力表．北京：中国医药科技出版社，2014.

尹树国．给孩子一个完美视力．北京：中国医药科技出版社，2018.

中班活动 2：鼻子流血我不怕

(一)活动背景

幼儿的鼻粘膜比较脆弱，秋冬天气干燥，用力挖鼻孔和擤鼻涕容易导致流鼻血。为了帮助幼儿了解流鼻血的原因，掌握简单的流鼻血处理方法，以及日常生活中保护鼻子的做法，我们在班上开展了“鼻子流血我不怕”的安全教育活动。

(二)活动目标

第一，知道流鼻血的原因。

第二，初步学会处理流鼻血的方法以及避免流鼻血的做法。

第三，鼻子流血时不慌张、不害怕。

(三)活动准备

幼儿流鼻血的图片、保护鼻子的几种做法的图片；视频《为什么流鼻血》《流鼻血时怎么办》；纸巾、棉花球、湿纱布、湿毛巾、碎冰块。

(四)活动过程

1. 观看图片和视频，寻找流鼻血的原因

(1)请幼儿观察图片，讨论图片中的幼儿发生了什么事情。

师：这位小朋友怎么啦？你们流过鼻血吗？

(2)观看视频，寻找流鼻血的原因。

师：为什么他会流鼻血？还有什么原因会导致我们流鼻血呢？

小结：引起流鼻血的原因有很多，如经常挖鼻子；一些疾病，如鼻炎、上火；长时间劳累或紧张；喝水不够多；不小心撞到鼻子。

(3) 你们流鼻血时怎么办？

幼儿自由讨论，根据已有经验说一说自己或者家长、老师是怎么止鼻血的。

小结：流鼻血时不要害怕，应该及时找大人来帮忙。

2. 观看视频《流鼻血时怎么办》，掌握简单的处理方法

(1) 观看视频。

师：看完视频后，请小朋友告诉大家，视频里教给我们几种处理流鼻血的办法？

师：这些方法需要我们怎么做？

(2) 学习流鼻血时的处理方法。

流鼻血时不要慌张，不要哭闹，应该沉着冷静。止血前先试着将血块擤出，在两边鼻孔各塞一小块消过毒的湿纱布(棉花球或卫生纸)。

第一种是按压法：采取坐位或半坐位，身体向前倾，防止鼻血回流。用拇指和食指捏住双侧鼻翼，持续按压 5~7 分钟，假如仍未止血，再重复塞棉花及捏鼻子的动作，仍然压 5~7 分钟。

第二种是冷敷法：用冰块或者冷毛巾敷在额头、脸颊、鼻子周围，有利于血管收缩止血。

注：两种方法可以同时使用。

(3) 教师讲解示范流鼻血的处理方法。

(4) 角色扮演：鼻科医生来问诊。

幼儿自由分组，轮流扮演医生和病人。当突然出现流鼻血现象时，幼儿应该怎么应对？通过角色扮演，进一步巩固所学的流鼻血自救方法。教师巡回给予指导。

3. 小组讨论：我们应该怎样做才不会流鼻血

教师和幼儿讨论不流鼻血的做法，并请幼儿进行回答。常见的做法有：①不随便挖鼻孔；②多喝水；③不吃过多煎炸食品；④规律作息；⑤活动中注意保护鼻子；⑥正确擤鼻涕。

4. 念读儿歌《保护我的小鼻子》，总结保护鼻子的方法

师：今天我们学习了处理流鼻血的方法和保护鼻子的做法。现在，请小朋

友跟老师念读这首保护鼻子的儿歌吧！(见参考资源)

(五)活动评价

本活动以直观形象的音像资料、教师的示范讲解及指导、幼儿的练习操作，通过看一看、听一听、说一说、做一做，让绝大部分幼儿学会身体前倾，能够找准鼻翼进行按压，进行简单的自救；朗朗上口的小儿歌，不仅让幼儿在活动最后跟着节奏得到放松，还帮助梳理总结了保护鼻子的方法。

(六)活动延伸

1. 相关延动伸活

练习流鼻血的自救方法，纠正身体前倾姿势，找准按压和冰敷的位置。

2. 一日生活活动延伸

提醒幼儿多喝水、多运动，活动时注意保护鼻子；制止幼儿挖鼻孔，引导其掌握正确的擤鼻涕方法。

3. 区角活动延伸

科学区：提供装着不同气味液体的透明玻璃瓶，如瓶中液体为矿泉水、醋、香水等，幼儿通过轻轻在瓶口扇动的办法来闻气味，学习保护鼻子；

阅读区：投放关于保护鼻子的绘本，如《鼻孔的故事》《公主怎么挖鼻屎》《不许抠鼻子》，巩固相关的安全知识。

4. 家园亲子活动延伸

鼓励家长和幼儿多加练习流鼻血的自救方法，在日常生活中也要时时监督幼儿的用鼻安全及卫生行为；

陪伴幼儿阅读相关的绘本故事或者视频，巩固安全知识；

家长了解关于保护鼻子的食物，让孩子多吃富含维生素 A、维生素 B、维生素 C、维生素 D 的食物，尤其是维生素 C。因为胶原蛋白是维持身体组织健康所必需的，而维生素 C 是形成胶原蛋白的必需物质。

关注幼儿的身体情况，定期带幼儿到医院进行鼻子的检查和清洗。

5. 环境创设

布置“我会擤鼻涕”“止鼻血有妙招”“保护鼻子小方法”的墙面流程图和操作示意图，借助环境暗示帮助幼儿养成良好的卫生习惯。

（七）参考资源

1. 儿歌

保护我的小鼻子

鼻子鼻子本领大，分辨气味全靠它。
它是呼吸主通道，保护鼻子很重要。
不用小手挖鼻孔，不把东西放鼻中。
多喝水呀常锻炼，按时睡觉不贪吃。
有了鼻涕用纸擦，干净宝宝人人夸。
流鼻血不害怕，不要抬头快坐下。
身体前倾低着头，拇指食指捏鼻翼。
还可用冰来冷敷，安全自救记心中。

2. 参考书目

[日]柳生弦一郎．鼻孔的故事．汉声杂志，译．北京：中国少年儿童出版社，2006.

李卓颖．公主怎么挖鼻屎．济南：明天出版社．

[英]托尼·罗斯．不许抠鼻子．范晓星，译．北京：北京联合出版社，2016.

中班活动 3：远离龋齿

（一）活动背景

牙齿是人体最硬的器官，除担负切咬、咀嚼等功能外，还有保持面部外形和辅助发音等作用。保护牙齿有益于每个人的生长，不让龋齿发生则是保护牙齿的重中之重。研究表明，学龄前儿童易患龋齿，3 岁左右儿童患龋齿率上升较快，5~8 岁儿童的乳牙患龋齿率达到高峰。所以，培养幼儿掌握保护牙齿的方法非常重要。

中班幼儿对牙齿有一定的认识，知道一些保护牙齿的方法，如早晚刷牙、进食后漱口等。但是，幼儿的刷牙方式并不十分准确，流于形式，对于龋齿的认识不足。因此，希望通过本次活动提高幼儿保护牙齿的意识，让幼儿远离龋齿，坚持正确的刷牙方法，保护牙齿健康。

(二)活动目标

第一，了解龋齿形成的原因及其危害。

第二，坚持饭后漱口、少吃甜食的良好习惯；掌握刷牙的正确方法，养成早晚刷牙的习惯。

第三，喜欢洁白的牙齿，树立保护牙齿、远离龋齿的意识。

(三)活动准备

鸡蛋壳一个、镊子一把、装有鸡蛋壳的清水一杯、装有鸡蛋壳的可乐一杯、清水一杯、可乐一杯；

牙齿模型一个、牙刷一把、彩色笔、画纸、牙齿展板、磁铁；

刷牙流程图、实物投影仪、电脑、PPT、音乐《刷牙歌》。

(四)活动过程

1. 实验导入

(老师出示道具)

师：桌上有两杯液体，请你们来辨别一下，哪一杯是清水，哪一杯是可乐？

师：小朋友们观察很仔细。你们是怎么辨认清水和可乐的呢？

(老师设疑，幼儿自由猜想)

师：前天，我把鸡蛋壳分别放入水和可乐里。你猜蛋壳会有什么变化？

(幼儿自由猜想)

老师出示没有浸泡的鸡蛋壳、前天的清水和可乐(里面有鸡蛋壳)。幼儿观察鸡蛋壳的颜色变化。

师：你们发现鸡蛋壳有什么变化？(在可乐里的鸡蛋壳变黑了)

老师把鸡蛋壳捞出来，展示被可乐浸泡过的鸡蛋壳和没有被可乐浸泡过的鸡蛋壳。

师：请一个小朋友上来用手指轻轻地敲，感觉怎么样？(可乐里的蛋壳软软的，清水里的蛋壳硬硬的)。

(幼儿自由猜想)

师：你们猜为什么浸泡在可乐里的蛋壳会变得又黑又软呢？

小结。可乐含有酸性物质，能腐蚀鸡蛋壳，把鸡蛋壳变得又黑又软。

（发现龋齿）

师：昨天我收到牙齿王国寄来的一张照片，你们猜老师看到什么了？发生了什么事？

师：变黑、变坏或者补洞的牙齿是怎么回事？（龋齿）

我们一起来看看故事《牙齿王国》，看看牙齿究竟发生了什么事情。

2. 情景故事的展开

《牙齿王国》里有很多雪白的牙齿卫士，每天都尽责地把食物切碎。但是，却没有人帮忙打扫卫生、把食物残渣清理干净。结果食物的残渣都贴在牙齿卫士的身体上，塞在牙齿卫士之间的缝隙里。慢慢地这些食物残渣产生酸性物质，伤害牙齿卫士的身体。牙齿卫士本来雪白的身体变色了，变得黑黑的；有的牙齿卫士身上还出现了黑色的洞洞；有的牙齿生病了，疼得旁边的牙肉都是红的。

生病的牙齿卫士不能很好地工作，也没有力气切碎食物了。没切碎的食物引来了胃的抗议，因为牙齿疼，小主人饭也吃不好，话也说不清，身体也不健康。

（在讲故事的时候，利用 PPT 或者牙齿模型，一边讲故事一边把食物残渣的图片贴在牙齿上，粘在牙缝里）

师：是什么让牙齿卫士变黑、变软，还出现洞洞呢？（食物残渣、甜食、没有及时清理牙齿卫生等）

师：牙齿卫士生病了，会有怎么样的后果，人的身体会有哪些变化呢？（食物消化不良、肠胃疾病、营养缺乏等）

小结：糖果、汽水等容易腐蚀牙齿。平时我们吃完东西后，如果不马上漱口或者刷牙，牙齿里的食物残渣会产生酸性物质，慢慢地腐蚀你的牙齿，把牙齿变得黑黑的，还可能有牙洞，这就是龋齿。

3. 了解预防龋齿的方法

师：现在牙齿卫士向小朋友求救，怎么做才能让牙齿卫士变得健康？请幼儿用笔和纸把想到的方法画下来。

幼儿把自己的画用磁铁贴在牙齿展板上，幼儿站在展板前自由讨论。老师挑选具有代表性的作品，同大家分享。

小结：每天早晚要刷牙，刷牙方法要正确，吃完饭要漱口，保持牙齿的清洁，还要少吃甜食，这样才能让牙齿卫士健康不生病。如果牙齿有了小洞，要及时补起来，不要让细菌再来。多吃水果蔬菜、多喝牛奶能使牙齿变得坚固。

4. 掌握正确的刷牙方法

(1)师：在幼儿园可以漱口保护牙齿，在家里可以刷牙保护牙齿。你们每天都有刷牙吗？你们平时都是怎么刷牙的？

用实物投影的方式，请个别小朋友拿着牙刷在牙齿模型上展示自己的刷牙方法。

师：我们一起来欣赏《刷牙歌》，它会告诉我们如何正确地刷牙，请小朋友们仔细听。

(播放刷牙歌)

出示刷牙流程图与幼儿一起梳理刷牙的步骤。

根据歌词的提示教师拿着牙齿模型和牙刷，示范刷牙的正确方法。

小结：原来我们正确的刷牙方法是这样的，小朋友们都学会了吗？

请个别小朋友演示正确的刷牙方法。

5. 引导小朋友尝试正确的刷牙方法

师：小朋友们，你们学会保护牙齿卫士的方法了吗？今晚我们举行“我会刷牙大比拼活动”，请爸爸妈妈帮忙把你们刷牙的样子拍下来，发到班群里，看看哪位小朋友刷牙最认真、最干净。

(五)活动评价

本次活动的每个环节紧紧相扣、层层递进。通过牙齿展板和牙齿模型的展示，营造出浓厚的学习氛围。活动贴近幼儿生活，调动了幼儿的参与积极性。通过本次活动让幼儿知道保护牙齿的好方法，懂得爱护自己的牙齿、远离龋齿。

(六)活动延伸

1. 相关活动延伸

阅读绘本《老虎拔牙》《小熊拔牙》，了解龋齿对身体的伤害，坚持每天刷牙的好习惯。

2. 一日生活、游戏、区角等活动延伸

生活区：投放牙刷和牙齿模型、刷牙顺序的挂图，供幼儿进行刷牙游戏。

阅读区：投放故事《牙齿王国》的相关资料，或提供录音机和白纸，供幼儿录音或画故事。

表演区：投放白色衣服供幼儿扮演牙齿卫士；投放一把大的道具牙刷；播放音乐《刷牙歌》等。

益智区：投放保护牙齿棋。

角色扮演区：投放牙科医生的道具，如白色的医生服、粉色的护士服、手电筒、杯子、牙刷、牙线等。

3. 家园亲子活动延伸

亲子活动：开展家庭亲子刷牙大赛，比比家里谁的牙齿最干净。

刷牙打卡活动：幼儿早晚刷牙并采用打钩或者拍照的方式进行打卡。

4. 其他延伸活动

参观活动：到牙科诊所参观，了解牙医如何处理龋齿、如何补牙，会使用哪些工具。

（七）参考资源

1. 与龋齿相关的小知识

小知识：龋齿俗称虫牙、蛀牙，是细菌性疾病，因此它可以继发牙髓炎和根尖周炎，甚至能引起牙槽骨和颌骨炎症。如不及时治疗，病变继续发展，形成龋洞，终至牙冠完全破坏消失。未经治疗的龋洞是不会自行愈合的，其发展的最终结果是牙齿丧失。

由于儿童处于生长发育的阶段，龋齿会影响牙颌系统的发育，造成后天畸形。龋齿的疼痛会影响儿童进食，致使不敢用有病牙齿进行咀嚼，食物没有经过细细咀嚼就囫囵吞枣地进到胃里，加重了胃的负担，引起胃痛。

2. 参考书目

李昭乙．大战龋齿王国．石家庄：河北少年儿童出版社，2014.

［日］熊谷崇（文），秋元秀俊（图）．龋齿、牙周病．张丹，译．郑州：河南科学技术出版社，2014.

［日］加古里子．长了虫牙怎么办．刘洋，译．北京：北京科学技术出版社，2016.

中班活动 4：小手洗洗真干净

(一)活动背景

俗话说病从口入。手作为将食物传送入口的纽带，直接关系身体健康。中班幼儿好奇心强烈，喜欢用小手东摸摸，西摸摸地去探索世界，细菌也随之黏附于手上。如果不注意洗手，这些细菌就会通过手进入人体内，引起身体的不适。为了让幼儿进一步了解洗手的重要性，掌握正确的洗手方法，养成良好的洗手习惯，特别设计了本次教学活动。

(二)活动目标

第一，乐于参与活动，体验洗手的乐趣。

第二，认识到洗手的重要性。

第三，学习洗手七步法，掌握正确的洗手方法。

(三)活动准备

《我不要洗手》的视频；截取视频中小公主肚子疼的 PPT 图片；肚子有细菌的 PPT 图片；洗手七步法的视频；洗手七步法的 PPT 图片。

(四)活动过程

1. 故事导入

播放故事《我不要洗手》视频。

师：小朋友，今天我们来看一个故事，看看故事里发生了什么事情?

(播放视频中小公主肚子疼的 PPT 图片)

师：咦，故事里的小公主为什么会肚子疼?医生拿出放大镜观察小公主的肚子，在她的肚子里发现了什么?这么多细菌是怎么到小公主肚子里的?

(播放医生说小公主手上有细菌的 PPT 图片)

师：细菌都喜欢藏在哪里呢?

师：小公主吃东西之前洗手了吗?

师：怎么样才能把手上的细菌赶走呢?

小结：细菌无处不在，我们的小手经常触摸很多东西，这时候各种各样的细菌就会粘在手上。所以为了身体健康，我们饭前便后、游戏后、外出都要洗手。

2. 幼儿分组讨论，分享洗手的方法

师：我们都知道，经常洗手可以把手上的细菌赶走，那怎么洗手才会更干净呢？你们平时是怎么做的呢？

(幼儿分享自己洗手的经验)

小结：刚才小朋友介绍了许多洗手的方法，那怎样才能正确洗手呢？

3. 播放《七步洗手法》视频，学习正确的洗手方法，把小手洗得更干净

教师播放《七步法洗手》的视频。

师：刚才几位小朋友介绍了他们的洗手方法。现在，医生也带来正确的洗手方法，让小手被洗得更加干净，我们一起来看看医生是怎样洗手的。

师：小朋友，你看到医生洗手有几个步骤，都是怎么洗的呢？我们跟着图片来学一学。

教师通过儿歌《七步洗手歌》示范洗手方法，引导幼儿学习正确的七步洗手法，加深幼儿对洗手方法和步骤的记忆。

师：这个七步洗手法还可以用好玩的儿歌来记住呢！一起来试一下吧。

小结：洗手七步法可以让小手的掌心、手背、指缝和指尖等各个部位都洗得更干净，我们洗手时要记得用洗手七步法，一步一步地把手洗干净，把细菌都赶走。

4. 幼儿分组体验洗手七步法

师：现在我们试一试用七步洗手法来洗洗小手吧。我们一边念《七步法洗手》儿歌，一边洗手。

注意：幼儿洗手时，教师要提醒幼儿冲洗干净手上的肥皂泡。

5. 结束活动

师：刚刚大家都用七步洗手法来洗手了，我们互相看一看，是不是小手都洗得很干净啦？

师：小朋友刚刚都很认真地洗手啦。以后饭前便后，玩了玩具之后，我们都要勤洗手，按照七步洗手法来正确洗手，记得把手上的泡泡都冲走，让细菌都冲走，把手洗得更干净，这样更能保护身体健康。

(五)活动评价

本次活动中，幼儿从生动的故事中了解到，手部容易隐藏大量对身体有害的细菌；懂得了日常洗手的重要性。在看洗手七步法的图片来学习正确的洗手方法时，幼儿掌握了洗手的步骤，知道洗手时要注意手心手背、指尖、指缝等部位要清洗干净的问题。最后幼儿通过洗手体验加深对正确洗手方法的理解，有利于幼儿在日常生活中养成勤洗手的良好卫生习惯。

(六)活动延伸

1. 相关活动延伸

美工活动：教师引导幼儿共同计划、讨论、设计班级盥洗室七步洗手法的环境创设。

生活活动：以儿歌或故事等方式对幼儿洗手环节进行指导。

谈话活动：师幼一起讨论怎样保护小手，哪些东西会伤害小手，共同记录保护手的方法，形成记录表，并利用来园、离园等环节引导幼儿分享交流。

科学活动：自制洗手液，幼儿既可以体验科学小实验的乐趣，也可以了解相关的健康知识，知道及时洗手的重要性，养成主动洗手的良好习惯。

2. 一日生活、游戏、区角等活动延伸

阅读区：提供《根本就不脏嘛》《我不要洗手》《我会洗手》等绘本故事，让幼儿在日常阅读中加深对洗手重要性的认识。

科学区：①提供切开的苹果，引导幼儿用干净的手和脏兮兮的小手去摸苹果，然后进行对比试验。让幼儿在操作和观察中真切地感受到洗手和不洗手的区别。②提供洗手前后摸了苹果对比小实验的视频在科学区，让幼儿懂得洗手的重要性，养成勤洗手的卫生习惯。

3. 家园亲子活动延伸

幼儿做小老师，回家教爸爸妈妈学习七步洗手法，指导爸爸妈妈一起用七步洗手法来洗手，家长可以将幼儿正确洗手的视频做成影集记录下来，强化幼儿正确洗手的行为。

家长鼓励幼儿在家也要勤洗手，并及时记录和表扬。

（七）参考资源

1. 安全常识

了解洗手七步法。

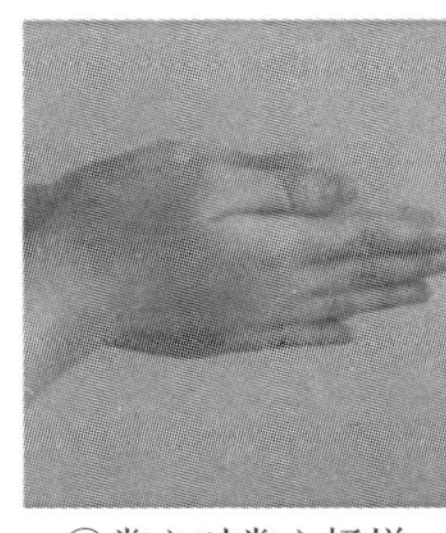

①掌心对掌心揉搓

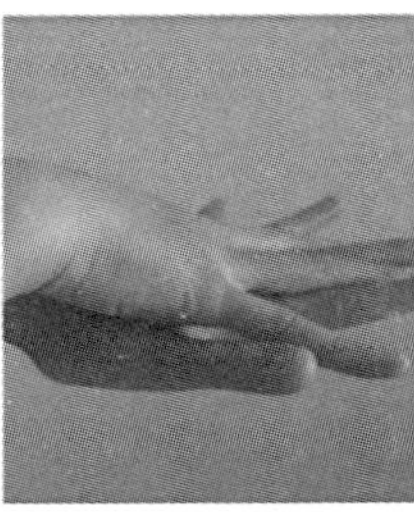
②掌心对手背揉搓

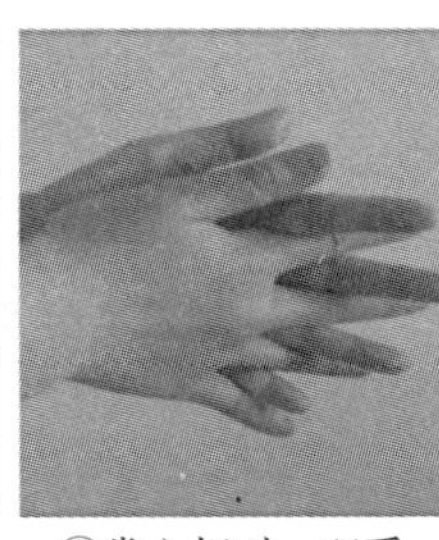
③掌心相对，双手交叉揉搓

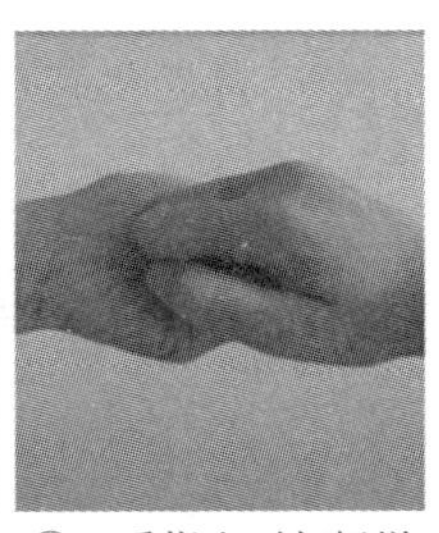
④双手指尖互相揉搓

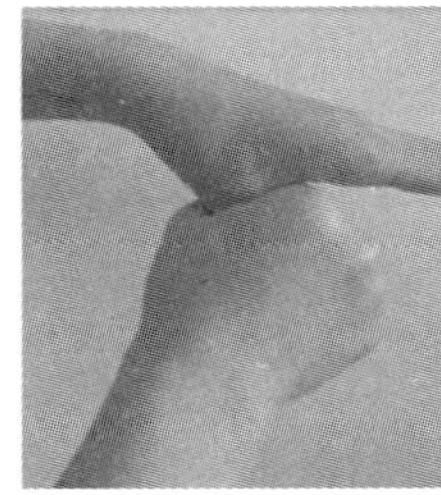
⑤拇指在掌心转动

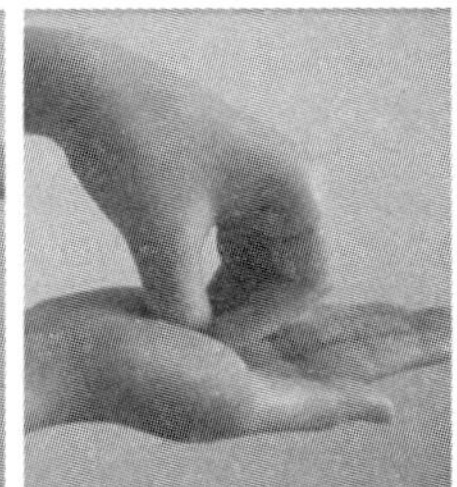
⑥指尖在掌心揉搓

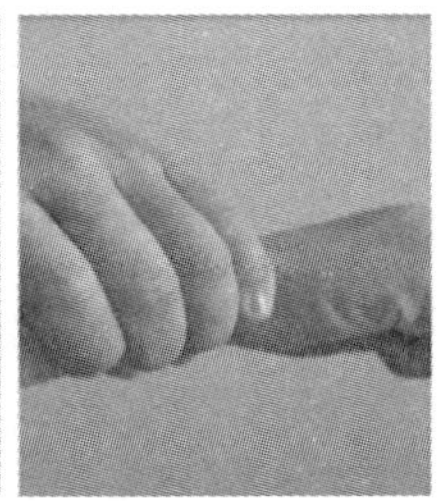
⑦握着手腕搓揉

洗手七步法

第一步，内，手指并拢，掌心对掌心揉搓；
第二步，外，手指交错，掌心对手背揉搓；
第三步，夹，手指交错，手背对手背揉搓；
第四步，弓，双手互握，互相揉搓手指背；
第五步，大，拇指在掌心转动，双手互换；
第六步，立，指尖揉搓掌心，双手互换；
第七步，腕，握着手腕揉搓，双手互换。

2. 拓展阅读

（1）儿歌

洗手七步法

（长桥第一幼儿园　何晓敏）

小手小手，好朋友。

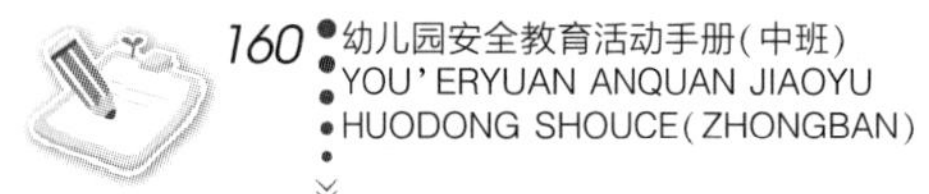

手心手心，搓一搓。
变成两只大螃蟹，大螃蟹。
你背背我，我背背你。
弯起八只小钳子，揉一揉。
举起两只大钳子，大钳子。
我跟螃蟹点点头，点点头。
螃蟹跟我握握手，握握手。

(2)书籍推荐

[德]万伽·欧尔特(文)，玛努艾拉·欧尔特(图). 根本就不脏嘛. 贾如，译. 武汉：湖北美术出版社，2010.

黄小衡. 如果不洗手. 南昌：江西高校出版社，2018.

[德]朱莉亚·弗默特. 我爱洗手，细菌赶走. 孙红，译. 北京：石油工业出版社，2019.

[英]马丁·霍华德(文)，[英]科林·斯廷普森(图). 不洗手的战争. 萧萍，萧晶译. 武汉：长江少年儿童出版社，2018.

中班活动5：我能大胆说“不”

(一)活动背景

中班幼儿基本了解自己隐私部位的具体位置，也有保护隐私部位的意识，但是对于如何保护自己的隐私部位还不够了解，而且对于男孩、女孩之间的区别认识不深，自我保护意识仍需加强。为了帮助幼儿提高保护自我的安全意识，防止侵害的发生，因此设计此次教学活动，提高幼儿安全意识。

(二)活动目标

第一，认识自己的身体，知道男孩、女孩之间隐私部位的不同。

第二，大胆拒绝别人触碰自己的隐私部位，不随便让人摸和亲，大胆说“不”。

第三，重视自己的身体，懂得保护自己的隐私部位。

(三)活动准备

提供男孩和女孩身体隐私部位的卡通图片；绘本《不要随便亲我》；危险情

况例子做成的 PPT。

（四）活动过程

1. 引入活动

出示男孩和女孩隐私部位的图片

师：男孩子和女孩子之间有什么区别？这些不一样的地方是什么地方？

小结：男孩和女孩的区别有很多，他们穿的衣服不同，身体的某些部位也是不同的。(给男女孩卡通人体图贴上背心、小裤衩贴图)

师：裤衩背心盖住的地方是隐私部位，不能随便给别人看，更不能随便被别人摸和亲。

同伴讨论与小结

师：如果有人想要摸你的隐私部位，你会怎么做？为什么？

小结：知道自己的隐私部位的重要性，不能随便让其他人摸和亲。

2. 共读绘本《不要随便亲我》

(提出问题，引出故事)

师：如果有不熟悉的人想要亲你或摸你的脸，你会有什么感觉？我们一起来听听小女孩莱娜的故事，看看她有什么感觉，她又是怎么做的。

(教师基于绘本内容向幼儿提问)

师：故事的主人公是男孩子还是女孩子？她害怕什么？这个事情是正常的吗？最后怎么解决这个事情？这个女孩有没有再感到害怕？

(幼儿基于绘本内容回答)

师：我们一起来想想，生活中有没有这样的情况发生过？或者你知道其他小朋友有没有遇到过这种情况？

小结：其实一些让你感到不舒服的行为，也是触碰到你隐私的行为。当你遇到像故事中小女孩的情况，陌生人想抱抱你、亲亲你，甚至想带你走，你会怎么做？如果是你身边的小伙伴遇到这种情况，你会对你的小伙伴说些什么呢？

3. 情景呈现，辨别身边不安全的情况

(1)展示图片，引出话题

师：刚才，我们一起读的绘本是小朋友生活中遇到的危险情况。(出示图

片)其实，在我们的身边也可能会发生这种不安全的情况，如陌生的人要求你脱衣服、想要摸摸和亲亲你，甚至是触碰你的隐私部位……

(2)观察图片，引发讨论

小朋友仔细观察图片，两两结伴讨论发生危险情况的做法，以及隐私部位是否能被轻易触碰的情况。

(3)小结

教师总结身边会遇到的不安全情况，给各种事例标记上红色的“×”标志，当遇到以上这些情况时，应该大胆勇敢地说不，并寻求父母的帮助。

4. 情景模拟

根据小朋友们总结的危险情况，请孩子们一起参与情景模拟游戏。

情景一：第一次见面的叔叔/阿姨要求帮你换衣服，对你说：“我来帮你脱衣服吧……”

情景二：邻居叔叔/阿姨跟你玩亲亲和摸摸的游戏，对你说：“你长得真可爱，我来抱一抱，亲一亲吧……”

情景三：旁边的小朋友要求看或者触碰你的隐私部位，对你说：“我想看看你的××，我也给你看……”

通过情景模拟游戏，总结遇到这些危险情况的解决办法。

对于让自己感到不舒服的事情要大胆拒绝，勇敢说“不”；如果遇到无法抵抗的行为，要大声求救；遇到无法解决的困难，要及时向爸爸妈妈或者老师求助。

(五)活动评价

在活动过程中，观察幼儿是否清楚了解自己的隐私部位，知道保护隐私部位的方法，并能大胆拒绝其他人随便触碰自己身体的要求；观察幼儿是否能够清晰讲述绘本故事大概内容和情节，知道故事的起因、经过、结果，体会绘本的蕴藏含义，理解保护隐私部位的重要性；通过前面的铺垫学习，观察幼儿是否能在情景模拟环节迅速做出反应，再现保护隐私部位的办法，大胆拒绝其他人的危险行为，保护自己的隐私部位。

（六）活动延伸

1. 相关活动延伸

阅读关于保护自己的隐私部位的绘本或读物如《身体的秘密》，通过阅读故事，加深幼儿对身体的了解，特别是隐私部位的了解，要大胆向自己不愿意的事情说“不”。

2. 一日生活、游戏、区角等活动延伸

注重分辨男孩和女孩的区别，让幼儿在保护自己的同时学会尊重他人的隐私；在区角中投放幼儿身体部位特别是隐私部位的认识操作材料，鼓励幼儿大胆操作并讲述。

3. 家园亲子活动延伸

分享关于性启蒙的教育资源，倡导家长注重对孩子隐私部位保护的教育，如在日常如厕、穿衣的环节中加强保护意识，在日常生活中渗透自我保护意识。

家长和孩子共同制作爱心圈，将他人对自己的正常行为和不正常行为梳理出来，加深幼儿的印象。

4. 其他延伸活动

通过其他领域的安全教育活动，增强幼儿的安全保护意识，如音乐游戏，通过学习儿歌等，加深幼儿对自我隐私部位的保护。

（七）参考资源

1. 拓展阅读

张慧．身体的秘密．北京：北京理工大学出版社，2018.

吴承恩等．妈妈，我从哪里来．广州：广东教育出版社，2011.

［日］七尾纯，小林雅子(文)，今井弓子(图)．可爱的身体．猿渡静子，译．海口：南海出版社，2010.

［韩］柳炫(文)；崔熙英(图)．邪恶的秘密．陈爱丽，译．杭州：浙江教育出版社．2010.

2. 视频资料

视频学习《如何让幼儿学习隐私部位保护——中文版动画短片》。

通过视频，让孩子学会识别坏人，认识隐私部位和警惕 5 个警报，5 个警报

都是危险信号，我们要让孩子从小就明白，当有人对他做出以下这5种行为时，他就可以判定“那个人”是坏人，要勇敢地对他的行为说“不”！

视觉警报：如果有人要看你们的隐私部位，或者让你看其他人的隐私部位。

触碰警报：如果有人触碰你们的隐私部位，或者叫你触碰他们的隐私部位。

言语警报：谈论隐私部位。

独处警报：坏人只有在你独自一人时才能伤害你。

拥抱警报：不允许任何人拥抱、背或亲吻你。

五、 主题单元幼儿表现评估

主题_________

班级_________ 幼儿姓名_________ 教师姓名_________

评价者_________ 日期_________

评估准则：完全掌握或做到为4分；有时掌握或做到为3分；初步掌握或做到为2分；暂未掌握或做到为1分。

学习目标	具体表现	1分	2分	3分	4分
1. 对探索身体部位感兴趣，进一步认识眼睛、牙齿、手等身体部位的重要功能与常见的不良使用习惯					
2. 进一步认识男女隐私部位的不同，学习保护隐私部位的方法					
3. 习得用眼卫生、预防龋齿、正确洗手等方法					
4. 发生意外伤害时，及时向警察或有关人员呼救和求助					

中班电器、电子产品安全

一、 主题单元背景资料

电脑、液晶电视、智能手机、平板电脑等电子产品给人们生活带来方便的同时，也造成了人们对电子产品的过度依赖以及一定的安全隐患。《儿童蓝皮书：中国儿童发展报告(2019)——儿童校外生活状况》显示，儿童的业余生活中，电子产品的使用时间较长，电子产品的过度使用不仅会损害儿童的视力，更会影响儿童的心理健康、人际交往。中班幼儿对日用电器及电子产品已有了初步的了解，掌握了一定的电器安全使用知识，并能够在成人的提示下遵守规则。但其安全自护意识、自控能力不强，因此，针对如何让幼儿正确使用电子产品的安全教育非常必要。

本主题通过引导幼儿关注日常生活中的电器、手机等电子设备，了解其用途、使用方法及安全隐患，从而提高幼儿的安全意识；通过制定并遵守电子产品使用规则，让幼儿进一步了解规则的意义，提高幼儿的自控能力。

二、 主题单元目标

第一，知道日常生活中常用电子产品的种类以及用途。

第二，了解电器、手机等电子产品在使用过程中存在的安全隐患，提高防范意识。

第三，认识到长时间使用电子设备对健康的危害，提高自我保护意识和能力。

第四，遵守电子产品的使用规则，提高规则意识及自控能力。

三、主题单元环境创设

(一)墙饰创设

本主题的主题墙可分为"生活中的家用电器""小小手机用处多""安全使用电子产品"三个板块。

1. 生活中的家用电器

该板块分为两部分。第一部分"家用电器大调查"。幼儿通过在生活中观察、询问家人、资料查找等多种方式了解家用电器的种类、外形、功能，用图画、照片、符号等多种方式记录，制作家用电器调查表并进行展示；第二部分为"家用电器安全标识"。用照片或图示的方式呈现日常家用电器，如冰箱、空调、风扇、洗衣机、微波炉等，图片旁布置幼儿设计的相应安全标识。

2. 小小手机用处多

此板块分为三部分。第一部分"手机的秘密"。该部分展示幼儿用图画或者简单文字表现的对于手机的疑问；第二部分"我用手机做什么"。幼儿用简单的绘画表现自己日常会用手机做什么，如打电话、玩游戏、听故事、看视频等；第三部分"手机功能大调查"。制作"手机大家族"调查表，展示幼儿记录的手机功能及各种不同类型手机的调查表。

3. 安全使用电子产品

此板块分为两部分。第一部分为小组讨论。讨论后，用图画或者符号的方式记录电子设备使用规则，如手机的使用规则、电视的规则、使用平板电脑的规则等；第二部分电子产品使用方法图片(包括正确使用和错误使用的图片)引导幼儿讨论并判断正确的使用方法图片。

(二)区域活动

1. 阅读区

提供相关绘本、游戏书，如《电器安全》《电器不能当玩具》《小狐狸与手机》《泰克：现代穴居男孩》《潘妮，别看电视啦》《再见，电视机》《糟糕，电视机坏了》《眼镜兔子》《电视迷》等，供幼儿通过阅读了解电子产品安全使用的相关知识。

提供笔、纸、装订好的空白书、电子设备素材的废旧画报等材料，供幼儿自制电子设备安全使用手册。

2. 美术区

提供废旧纸盒、彩笔、彩泥、儿童剪刀等材料，幼儿可设计、制作电器、手机等电子产品模型。

提供电器和手机的图片、海报，幼儿可根据材料设计宣传电子产品及其安全使用的海报。

3. 生活区

提供废弃的手机、手动小风扇、迷你蛋糕机、榨汁机等安全小电器，幼儿可在教师的监护下玩游戏，尝试安全操作。

提供常见家用电器的模型，如电视机、冰箱、微波炉、洗衣机等，将幼儿设计的安全标识张贴在电器上，令幼儿在游戏中巩固其对电器的认识。

4. 角色扮演区

提供家电商城、手机商城等角色扮演区，幼儿可在角色扮演中进一步熟悉电器、电子产品的功能及使用方法。

（三）班级文化

1. 引发幼儿对电子设备安全的关注

电子产品给我们带来便利的同时，也容易使幼儿产生一定的依赖。结合主题活动，通过家园共育活动引导幼儿关注周围的生活，正确认识电子设备，了解安全使用的方法，引发幼儿对生活现象的深入探究和思考是非常必要的。教师鼓励幼儿通过多种方式获取信息、提出问题，并用图文记录、语言交流等方式进行表征，使幼儿积极与同伴分享感受，不断丰富生活经验，帮助幼儿逐步养成积极主动、勇于探究和尝试、乐于想象和创造等良好的学习品质。

2. 营造良好的班级秩序，了解规则的意义

在电子产品的使用过程中，不仅要掌握安全使用的方法，良好的操作规则和自控能力也是非常重要的。教师在班级活动中，引导幼儿通过讨论、协商等方式参与电子产品使用规则的制定，并将规则用幼儿喜欢的方式进行展示，让

幼儿体验规则对生活的意义，形成自觉遵守规则的意识。

四、 主题单元教育活动方案

中班活动 1：电器功能我了解

(一)活动背景

随着中班幼儿动手能力、独立意识、自我服务意识、探究意识的不断发展，他们会在家长的协助下或者独自使用家用电器。但基于其认知水平、安全意识、自我保护能力等方面的发展特点，在家用电器的使用过程中，还存在诸多安全隐患。本活动通过引导幼儿在探究中认识各种电器，了解其正确的使用方法，激发幼儿对生活中事物的关注和探究，提高幼儿安全自护的意识和能力。

(二)活动目标

第一，知道家用电器在操作过程中的危险与禁忌。如电器工作时不乱碰，不使用电器做游戏等。

第二，能简单介绍冰箱、洗衣机、微波炉、空调等家用电器的功能。

第三，在制作安全标识的过程中进一步感受电器存在的危险。

(三)活动准备

PPT 图片(室内，含起居室、厨房、客厅等，室内有相应家用电器)；“家用电器知多少”调查表(在幼儿介绍时，可将其调查表展示在电子屏上)；课件“电器不能当玩具”。

(四)活动过程

1. 分享调查结果，了解家用电器的功能

师：(出示室内 PPT 图片)家用电器是我们生活中的好帮手，请小朋友找一找，这里都有哪些家用电器?

(分享“家用电器知多少”调查结果，讨论家用电器的功能和操作方法)

师：家里的客厅、卧室、厨房、卫生间都有哪些家用电器呢?它们有什么用处呢?

师：大家用自己的方式和爸爸妈妈一起做了调查，请小朋友们说说自己的调查结果吧！（幼儿介绍时，教师将其调查表展示在大屏幕上）

教师带领幼儿对常见的家用电器的功能进行小结。

2. 观看课件“家电不能当玩具”

师：小朋友在家都会用这些电器来做什么？

师：大宝和二宝在亲戚家做客，发生了什么事？（用手指伸进电源插孔、钻进电冰箱、玩捉迷藏、爬进洗衣机）结果怎么样？你认为他们做得对吗？为什么？

3. 根据不同家电的使用方法，制作安全标识

（讨论电器安全小常识）

师：不正确使用电器，有可能会发生安全事故。那么，我们可以怎样提示大家，避免发生危险呢？（制作安全标识、安全宣传海报、公益广告等）

师：使用电器时应该注意什么？（如风扇转动时，不要用手触摸；使用烤箱时，防止烫伤；洗衣机在工作时，不要打开机盖；电器不用时要关闭电源或拔下插销）

（制作安全标识）

师：我们将这些安全小常识制作成安全标识，回家之后贴在电器的旁边，提醒大家要安全使用电器。

小组成员互相介绍自己设计的安全标识。

（五）活动评价

幼儿通过看、画、说等方式表达对电器的认识和了解，进一步加深幼儿对电器功能和存在危险的认知。

通过思考使用电器的注意事项，可将幼儿零散的经验系统化，使幼儿整体感知电器的使用方法。

制作标识不仅可激发幼儿对家用电器等身边的事物产生探究的兴趣、意愿，还有助于幼儿以身作则，对使用电器起到安全警示的作用。

（六）活动延伸

1. 区域活动

美术区：幼儿利用彩笔、画纸等材料设计家电安全海报和安全标识。

生活区：提供废旧的家用电器或家用电器操作玩具，幼儿在生活区进行游戏时，尝试模拟操作家用电器。

角色扮演区：提供家用电器的图片或玩具，在角色扮演区扮演买卖双方。

2. 家园共育

①亲子共同阅读关于电器安全系列的绘本。

②在家中引导幼儿安全使用家电。

③和幼儿一起参观电器商场，了解更多的家用电器。

④以绘画、手工等方式设计“未来的家用电器”。

（七）参考资源

中国检验检疫科学研究院，工业与消费品安全研究所．家用电器安全使用常识．北京：中国质检出版社(原中国计量出版社)，2012.

迪士尼公司．会咬人的家用电器．北京：童趣出版有限公司，2016.

[德]弗尔卡・纳尔冈(文)，埃尔克・布罗斯卡(图)．我家的电器．温馨，译．北京：北京科学技术出版社，2018.

中班活动 2：手机朋友要当心

（一）活动背景

随着手机、平板电脑等电子设备的普及，很多幼儿在生活中都会接触手机，用电子设备来玩游戏、看视频、听音频等；有些父母甚至主动选择用电子设备代替自己来陪伴孩子。由于幼儿心智不成熟、自控能力较弱，幼儿对手机容易产生依赖，从而带来负面影响。那么，幼儿应以怎样的方式和频率使用手机、平板电脑呢？教师、家长又应该怎样指导幼儿合理使用电子设备呢？本次活动通过绘本故事，看图讨论等形式，引导幼儿将故事、图片内容与生活相关联，使幼儿对手机的使用形成正确的认识。

（二）活动目标

第一，了解手机的功能以及使用过程的安全常识。

第二，能够在成人提醒下控制手机的使用时间。

第三，感受安全使用手机的重要性。

（三）活动准备

绘本课件："要是你给老鼠玩手机"；图一：充电时，有人使用手机；图二：闪电打雷时，有人使用手机；图三：厨房里天然气开着，有人使用手机；图四：在加油站，有人使用手机；图五：在飞机上，有人使用手机。

（四）活动过程

1. 欣赏故事《要是你给老鼠玩手机》

师：小老鼠在玩手机的过程中发生了什么？它知道吗？为什么？小老鼠为什么会来到孤岛上？

师：小朋友，你们喜欢玩手机吗？你喜欢用手机做什么？你有没有像小老鼠一样，在玩手机的时候什么都忘记了？这样有什么坏处吗？

小结：手机里的游戏、视频常常会吸引我们，但如果我们长时间玩手机，对眼睛不好；而且不分场合，过马路、坐车、吃饭，或者在游乐场时都在玩手机，也是非常危险的。

师：当手机没电了，小老鼠发现了什么？那么，不玩手机我们可以做些什么有趣的事呢？

小结：玩手机会让我们像小老鼠一样，错过很多有意思的事情。生活中有很多好玩并且有意义的事，如和爸爸妈妈一起看图书、听故事、去游乐场、参观博物馆，和小朋友一起画画、做游戏；到大自然中去欣赏美丽的风景，观察小动物……

2. 看图交流，了解手机使用安全常识

(1)交流手机的作用

师：刚才小朋友说平时会用手机玩游戏、看视频，那么，手机还有哪些用处呢？

师：手机有很多用处，可以打电话、照相、录像、录音、听故事……那么，在使用手机的时候，我们要注意什么呢？

(2)讨论手机使用的安全常识

师：图上的小朋友们在什么时候、什么地方使用手机？这样做对吗？如果这样做会发生什么危险？我们应该怎样使用手机呢？

小结：根据图画内容，总结手机的正确使用方法。

（五）活动评价

幼儿通过多种方式认识手机的功能，体验手机对生活带来的便捷与长时间玩手机的危害；意识到有节制使用手机的重要性，能遵从成人的提醒，控制手机的使用时间；通过欣赏故事引发思考，正视手机的危害，进一步拓展生活经验。

（六）活动延伸

1. 区域活动

阅读区：投放相关的图书，引导幼儿正确使用手机。

科学区：投放一次性纸杯、棉线等材料，幼儿可以自制电话，了解声音的传播原理。

美工区：投放纸盒、彩笔等材料，幼儿可设计、制作手机模型。

2. 家园共育

通过亲子阅读、亲子游戏、走进大自然等活动提高亲子陪伴质量，避免或减少幼儿玩手机的时间。

家长为幼儿树立良好的榜样，不依赖手机。

通过相关动画、图书引导幼儿了解关于手机的知识。

在生活中引导幼儿安全使用手机。

（七）参考资源

[英] 克里斯蒂安・多里翁(文)，贝费利・杨(图). 东西是如何制造的 . 荣信文化，译 . 西安：陕西人民教育出版社，2015。

谢茹 . 手机的规矩 . 成都：天地出版社，2019。

中班活动 3：遵守约定看电视

（一）活动背景

长时间看电视或者看不适宜的电视节目会对幼儿产生不利的影响，但电视对幼儿也有好处，比如，健康有益的电视节目可以使幼儿认识世界、接触多元文化、拓展知识等，所以如何引导幼儿合理选择电视内容、安排时间是家长值得思考的问题。由于中班幼儿对事物本质的分辨能力、自我控制能力较弱，对时间的概念较为模糊，因此在对节目内容的选择、时间的控制需要成人的科学引导。

（二）活动目标

第一，合理安排看电视的时间并选择电视内容。

第二，能够和父母平等交流沟通并遵守约定，连续看电视时间不超过20分钟。

（三）活动准备

PPT图片：图一，小明正在看电视；图二，爸爸关掉了电视，小明噘着嘴，很不高兴。

（四）活动过程

1. 讨论

导入活动，猜谜语。

一扇玻璃窗，里面有名堂，跳舞又唱歌，经常换花样。(打一电器)

讨论交流自己和家人喜欢的电视节目。

师：小朋友，你们平时喜欢看电视吗？最喜欢看的电视节目是什么？说一说为什么喜欢看这些电视节目？

师：那你们知道爸爸妈妈喜欢看什么电视节目吗？

讨论如何选择合适的电视节目。

师：电视节目的内容非常丰富，人们的年龄不同、兴趣不同，所以喜欢看的电视节目也会有所不同。哪些电视节目是适合小朋友看的呢？为什么呢？

小结：小朋友可以选择收看那些能给我们带来快乐，同时还能丰富知识的电视节目。我们还可以和爸爸、妈妈一起讨论，选择大家都感兴趣的电视节目。

2. 看图片，了解长时间看电视的危害

联系自己的经验，讨论图片内容。

师：小明怎么了？他为什么生气？爸爸为什么把电视关了？

师：你遇到过这种情况吗？当爸爸、妈妈不让你看电视的时候，你会怎么做？

师：长时间看电视有什么危害？有什么好办法可以提醒我们控制时间呢？

小结：电视节目虽然吸引人，但是长时间看电视对我们的眼睛可不好，所以应该控制看电视的时间。我们可以和爸爸、妈妈约定好时间，连续看电视时间不超过20分钟，请爸爸妈妈到时间提醒我们，还可以用闹钟、沙漏提醒我们；看完电视以后眺望远方、做眼保健操，都会对我们的眼睛有好处。

3. 小组讨论，制定作息时间表

和小朋友一起讨论，制定下午回家后的作息时间表。

师：你们怎么安排自己的在家时间呢？谁愿意和大家分享？

小结：回家后，我们可以和爸爸妈妈一起讨论，看看这份时间表是不是合理，还可以和爸爸妈妈一起遵守作息时间表。

（五）活动评价

鼓励幼儿大胆表达看电视的喜好，进而通过图片引导幼儿意识到，看电视的内容和时间很关键，应该和父母一起协商，合理安排看电视的时间并选择看电视的内容(如看适合自己的、有益的电视节目)，防止不健康信息的干扰；通过制定晚间作息时间表，有效拓展业余生活，减少屏幕暴露的危害。

（六）活动延伸

根据幼儿共同感兴趣的电视内容，筛选合适的主题进行深入拓展，开展项目学习活动，有效将电视内容和幼儿的生活相连接。

（七）参考资源

[比]帕特里克·贝尔(文)，克·洛迪娅·别林斯基(图). 再见，电视机. 张婧，译. 北京：北京科学技术出版社，2017.

中班活动4：游戏好玩不贪恋

（一）活动背景

随着互联网电子产品的普及，儿童游戏成瘾现象呈快速上升趋势，并逐渐趋于低龄化。幼儿自控能力较弱，而一些家长习惯用手机安抚幼儿，缺少与幼儿的积极互动，使幼儿较多的接触电子产品、电子游戏，若不及时引导，幼儿不仅会依赖电子游戏，甚至还会着迷上瘾。而长时间玩电子游戏对幼儿的身心健康有诸多负面影响，例如，幼儿对周围事物降低兴趣、不愿外出、视力受损等。针对这一现象，设计了本次活动，引导幼儿了解玩电子游戏的危害，从而养成良好的行为习惯。

（二）活动目标

第一，遵守与成人的约定，不随意延长游戏时间。

第二，体验玩游戏的好处与存在的危害。

（三）活动准备

图一：小朋友戴着眼镜，拿着手机在玩游戏；图二：小朋友坐姿不正确，躺在床上玩游戏；窗外，小朋友们在玩皮球；图三：小朋友玩暴力游戏，欺负其他小朋友。

（四）活动过程

1. 师幼谈话，导入活动

师：小朋友们在手机或电脑上玩过游戏吗？玩哪些游戏？为什么喜欢玩？

2. 观看图片，了解电子游戏的危害

小结：长时间玩游戏会使我们的视力下降，而且玩游戏时，固定的姿势会使我们的身体得不到活动，影响身体的生长；游戏里还有一些内容也非常不适合小朋友。

师：你知道电子游戏还有哪些危害吗？

3. 交流讨论

师：电子游戏有很多危害，可有些小朋友会忍不住去玩游戏，那大家有什么好办法帮助我们抵御游戏的诱惑呢？

小结：我们可以踢球、画画、玩游戏、读绘本，来替代玩电子游戏；如果我们想玩电子游戏了，一定要和爸爸妈妈一起，选择一些适合小朋友的健康、安全的游戏；还可以和爸爸妈妈约定好玩游戏的时间，并共同来遵守。

（五）活动评价

从幼儿感兴趣的游戏入手，请幼儿大胆表述图片内容及想法，理解玩游戏的两面性；通过图片中玩游戏小朋友的变化和模拟暴力游戏的危害，让幼儿明白沉迷于游戏的危害，进而能够自觉和爸爸妈妈一起选择健康、安全的游戏；

能在成人提醒下控制玩游戏的时间；丰富幼儿的生活，使幼儿理性面对游戏，减少电子游戏时间，体会和同伴一起玩健康、有益游戏的乐趣。

（六）活动延伸

和爸爸、妈妈一起制定家庭电子产品使用规则，并相互督促，遵守约定，形成健康的家庭氛围。

家长多陪幼儿进行有益的游戏活动，培养幼儿广泛、健康的兴趣，丰富幼儿的生活。

（七）参考资源

［美］马修・科德尔．嗨！嗨！．杨玲玲，彭懿，译．北京：北京联合出版公司，2015.

五、 主题单元幼儿表现评估

主题________

班级________　　幼儿姓名________　　教师姓名________

评价者________　　日期________

评估准则：完全掌握或做到为 4 分；有时掌握或做到为 3 分；初步掌握或做到为 2 分；暂未掌握或做到为 1 分。

学习目标	具体表现	1 分	2 分	3 分	4 分
1. 知道生活中常见的电器、手机等电子产品的功能及正确使用方法					
2. 了解电器、手机等电子产品在使用过程中存在的安全隐患，具有一定的安全防范意识					
3. 知道长时间使用电子设备对健康的危害，提高自我保护的意识和能力					
4. 遵守电子产品的使用规则，具有一定的规则意识及自控能力					

中班运动与游戏安全

 一、 主题单元背景资料

随着身心的不断发展，中班幼儿已有了与同伴交往的心理要求，与同伴玩耍的要求也越来越多。玩耍中容易产生安全事故，例如，与同伴发生碰撞、进出门时相互推挤出现踩踏事故、错误理解户外活动安全标识导致危险的发生、用力推动秋千撞伤同伴、摔伤自己或拍球导致手腕受伤等安全事故。基于此，通过中班运动与游戏安全活动的开展，引导幼儿增强自我保护意识，提高幼儿在运动安全方面的认知水平，使幼儿能够对安全隐患进行辨别，主动躲避危险，初步建立遵守游戏安全规则的意识。

《3—6 岁儿童学习与发展指南》中明确指出，4～5 岁幼儿能够在运动时主动躲避危险。本主题利用知识问答、实践演练、社会实践、辩论赛等形式培养幼儿在运动与游戏中树立自我保护意识。开展“不听话的秋千”安全教育活动，让幼儿在游戏中树立安全意识；开展“户外安全我知道”游戏活动，帮助幼儿建立自我保护意识，掌握运动游戏中的基本安全常识；开展“玩球要注意什么呢”游戏活动，引导幼儿正确运用运动器械；开展“安全进出门”游戏活动，增强幼儿对危险的辨别能力，了解更多避免危险发生的办法。通过以上四大板块的安全教育活动，让幼儿在运动游戏中培养自我保护能力，掌握基本的安全规则。

二、 主题单元目标

第一，遵守运动与游戏中的安全规则，主动躲避危险。

第二，认识户外活动中常见的安全标识，遵守安全规则。

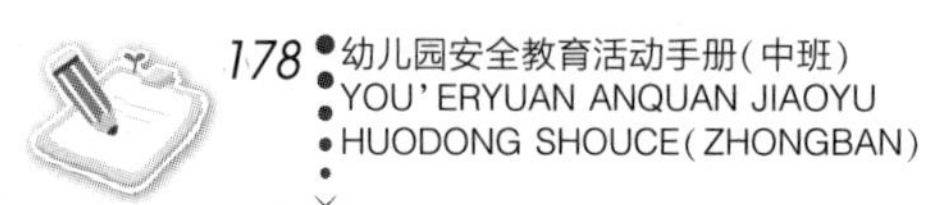

第三，了解使用各种球类的方法，能够辨别运动游戏中的危险行为。

第四，外出运动游戏时，能够有序进出门，做到排队，不拥挤。

三、 主题单元环境创设

(一)墙饰创设

结合主题的目标与内容，墙饰分为四个部分。

1. 门中的危险

教师与幼儿共同讨论，在幼儿园，家里、公共场所，幼儿会走过哪些门？在进出这门的时候，幼儿应该怎么做？引导幼儿通过照片、图示法、表格、剪报等方法记录并在墙面展示。

安全进出家庭门调查表

我家的门	它们安全吗？	我有小妙招
单元门		
家庭大门		
房间门		
卫生间门		
厨房门		

2. 你会玩器械吗

在墙上设计一个展示台，设计一个危险区域，再设计一个正确操作区域。将各类运动容易出现的安全隐患图片以及正确使用器械的图片进行分区展示，幼儿根据展示内容，并结合自己对安全知识的理解来制作运动安全主题小报，并进行展示。

3. 运动游戏中的安全

幼儿通过日常的观察与分享，创作“户外活动安全标识”作品在墙面展示，引发幼儿对户外活动中自我保护方法的思考，鼓励幼儿添加不同的角色进行故事内容的再创编，引导幼儿制作小小故事盒供大家欣赏。

4. 不一样的秋千

教师在墙面上布置辩论会的场景，将幼儿在辩论会上的发言以题卡的方式在墙面上展示，并邀请幼儿分享，教师可以随时更新题卡内容。教师可以利用超轻黏土制作各种损坏的秋千模型，在墙上展示，让幼儿根据秋千的损坏情况将自己的处理方法画出来，并制作成维修手册，挂在相应的秋千旁边展示。

（二）区域活动

1. 科学区

①提供秋千模型以及实验表格，引导幼儿研究秋千产生的惯性原理。

②提供不同秋千模型、人偶模型、记录表，让幼儿自主探究不同秋千存在的安全隐患。

③提供运动拼图、运动安全找错、户外游戏转盘等材料，进一步提高幼儿的安全意识。

④提供标志册，供幼儿收集各种绘制的安全标志。

⑤提供各类运动员的图片以及各类运动小型器械，供幼儿配对。

⑥提供饮料瓶、小球、绳子等材料，供幼儿感知“小球出瓶”实验。

2. 美工区

①提供画纸、彩笔、油画棒、勾线笔、半成品装饰，引导幼儿进行不同类型秋千图册的制作。

②提供大型器械的操作手册、空白手册、彩笔，供幼儿设计大型玩具操作手册。

③提供糨糊、油画棒、儿童剪刀等材料供幼儿操作。

④提供卡纸、彩笔引导幼儿制作安全提示标识。

⑤提供木棍、绳子等材料引导幼儿制作高跷模型。

⑥提供标识制作范例(禁止标识、可行标识等)供幼儿参考。

3. 角色扮演区

①提供博物馆馆长、游客、安全讲解员的衣服，准备各种不同类型秋千的图片，供幼儿进行“世界秋千博物馆”的游戏。

②提供运动员的衣服、场景道具，以及各项运动的运动器械，引导幼儿用正确的方法操作中小型玩具，进行运动会角色游戏。

③提供简单的医疗物品，如创可贴、纱布等供幼儿进行安全防护演练，让幼儿了解伤口处理方式。

4. 图书区

①提供不同类型秋千的图册，供幼儿查阅资料。

②提供与不同类型运动相关的书籍供幼儿阅读，以便幼儿了解不同运动器械的特征及可能存在的安全隐患。

5. 建构区

①提供积木、雪花片、围栏、道路、树木等低结构材料，供幼儿搭建“安全游乐场”中不同的大型器械，以便幼儿更加了解大型器械的使用方法。

②提供搭建小门的材料，并提供小玩偶，引导幼儿进行安全进出门的游戏。

（三）班级文化

1. 正确掌握游戏规则，增强自我保护意识

帮助幼儿提升安全意识，学会自我保护。利用不同的教学方式帮助幼儿了解各类运动器械的玩法以及可能存在的安全隐患；利用亲身体验的方式让幼儿探索游戏中存在的危险，引导幼儿了解如何避免危险；邀请家长与幼儿一起探索不同的运动器械的使用方式，通过主题环境进行展示、交流与分享；引导幼儿在运动游戏中体会安全的重要性，增强幼儿的自我保护意识。

2. 感知运动游戏中存在的危险，知道简单的自救方式

幼儿通过对安全事故的观察，发现运动游戏中可能存在的安全隐患，以此为契机，通过提问引发幼儿对自我保护方式的探究。引导幼儿共同探索、收集关于运动游戏中有关自我保护、受伤案例等丰富的背景资料，并在主题环境中进行展示、分享、交流，帮助幼儿将运动游戏中自我保护、自我救助、意外事件处理方式的零散经验进行梳理与概括。

四、 主题单元教育活动方案

中班活动 1：安全进出门

（一）活动背景

中班幼儿大多活泼好动、遇事喜欢争先恐后。在经过各种门的时候，还是

会发生拥挤情况，例如，幼儿进出门、洗手如厕等情形下。

《3-6岁儿童学习与发展指南》指出，4~5岁的幼儿应能够感受规则的意义，并能基本遵守规则。为了帮助幼儿提高安全意识，防止安全事故的发生，本次活动通过实验，让幼儿直接感知有序排队比拥挤更能节省时间也更安全，结合多种感官理解、发现有序排队的重要性。帮助幼儿了解安全进出门的意义，从而进一步提高幼儿的安全意识。

（二）活动目标

第一，知道与他人进出门时相互谦让，不拥挤。

第二，能大胆交流拥挤的危害，并掌握有序进出门的方法。

（三）活动准备

集体进出门时拥挤的图片、视频资料及安全进出门的图片。

"小球娃"游戏材料：大口径饮料瓶若干，3厘米透明小球(若干球上画小笑脸，系上相同长度的绳子，并在绳子末端系一个小木棍)。将小球放入瓶内，绳子挂在瓶外。

安全进出门标识，拍照设备及投屏设备。

（四）活动过程

1. 情境再现，引出问题

教师播放大班幼儿进出门拥挤的视频片段，引发幼儿对视频中的行为讨论。

小结：在教室门口相互拥挤容易发生危险，会出现摔倒、踩踏现象。人们拥挤在门口，造成大家进不去教室，既浪费时间又危险。

2. 实验操作，引发思考

(1)出示游戏材料，激发幼儿兴趣

教师创设"小球娃"的游戏情景，饮料瓶的瓶口特别小，"小球娃"在拥挤的情况下无法顺利通过出口。

教师请幼儿思考如何用最快的速度把球拉出来。

(2)幼儿参与实验，教师观察记录

教师将幼儿分成小组，看看哪一组能以最快速度把"小球娃"全部拉出来。

教师用视频记录小组活动情况。

(3)分享实验过程，寻找最佳方法

教师请幼儿说说自己在实验中遇到了哪些问题。

教师让幼儿讨论哪些办法让“小球娃”既安全又迅速地出来。

教师请幼儿结合拍摄视频，回忆游戏情景并讨论。

3. 榜样示范，引起共鸣

教师将之前记录的本班幼儿有序进出门的图片以及视频，投屏到电子白板供幼儿观看。

教师引导幼儿讨论视频中的内容，评价视频中同伴做得好的地方，并总结进出门时怎么做才安全。

4. 走进小班，安全提示

教师组织幼儿前往小班，担任弟弟妹妹的“安全提示员”，用完整的语言提醒小班幼儿有序进出门。

(五)活动评价

本次活动中，教师利用情景再现、动手实验、榜样示范等形式，使幼儿亲身体验，直接感知安全进出门的重要意义以及安全进出门的规则。

幼儿在日常的生活中能相互谦让，个别幼儿甚至能友善提醒同伴在进出门时不拥挤。利用幼儿身边的资源，看到身边的榜样，学习他们安全有序进出门的文明习惯。以优带优，从而让幼儿个个争当优秀的孩子，通过这样的活动让幼儿从小树立安全意识，有效地杜绝安全事故的发生。

(六)活动延伸

1. 相关活动延伸

幼儿在美工区中，完成自制安全进出门标识。

2. 一日生活、区域游戏等活动延伸

教师在一日活动的各环节，例如，如厕、喝水、进出活动室、集体游戏等，提醒幼儿有序排队，不推不挤安全进出门，并将幼儿有序排队的照片张贴至盥洗间门口，起到榜样示范的作用。

教师在益智区投放小球及矿泉水瓶，让幼儿通过玩小球出瓶的游戏，了解有序排队的重要性。

3. 家园亲子活动延伸

家庭成员在日常生活中，遇到上下楼梯、进出门、公共场所等情境，对幼儿进行相互谦让、遵守公共秩序的品德教育。

在家中开展“排排队好宝宝”的游戏，让孩子当小老师，引导家庭成员有序进出大门、房间门、厨房门、卫生间门，并让孩子说出为什么要这样做。

4. 其他延伸活动

组织开展社区志愿者活动，带领幼儿到公交车站引导人们有序上、下车，不拥挤。

（七）参考资源

1. 安全常识（安全须知、安全标志、器材与设施等）

各班在门口张贴安全标识牌，随时提醒幼儿进出门要安全有序。

后勤部随时检查门框的安全，并保证门上安装防夹手设备。

幼儿园内如果设有玻璃门，一定要保证玻璃的材质安全可靠，同时门上在幼儿高度和成人高度的地方需张贴相关图示，以免撞到。

2. 发生人群踩踏事件的解决办法

镇静：在拥挤发生之初或者不幸身陷拥挤的人流之中时，一定要时刻保持镇静，不要乱喊乱叫或推搡他人，防止造成混乱。

服从：听从事故现场管理人员的指挥调度，避免踩踏事故。

避让：如果发觉拥挤的人群潮水般涌来，应该马上避到一旁，千万不要加入和尾随；拥挤中，如果发现一旁有坚固物体应紧紧抱住，以等待时机脱险。

防护：如果身不由己被裹入拥挤的人群时，双臂用力为自己撑开胸前的空间，用小步，稳定重心的随人流移动，不要试图超越别人。如带着孩子，要尽快把孩子抱起来，避免其在混乱中踩伤。

保护：如果陷入极度的拥挤之中，要尽力在胸前保持一定的空间。应做双臂交叉，双手握住上手臂平抬在胸前的自我保护动作，并尽量坚持，直到情况发生好转。

迅速站起来：万一被挤倒或绊倒，一方面要大声呼喊寻求周围人员的救助，另一方面要尽快站起来。

危急时刻的球状保护：如果摔倒后局面失去控制，没有办法站立起来，应侧身蜷曲，双膝并拢贴于胸前，十指交叉双手扣颈，双臂护头。

3. 儿歌

安全进出门

安全秩序进大门，不推不挤不奔跑。
上下楼梯靠右行，一个跟着一个走。
进出门时要小心，奔跑打闹太危险。
进了室内要文明，有序排队好孩子。

中班活动2：户外活动安全我知道

（一）活动背景

幼儿喜爱户外活动，但由于户外活动常常隐藏着各种各样的安全问题，而中班幼儿生活经验较少，在户外活动发生危险时自我保护能力较弱，对于体育器械的隐患和危险等认识不清，容易发生安全事故。

以往小班“关节的秘密”等活动中，幼儿已经了解过关于身体关节方面的安全知识。在此基础上，希望通过本活动，解决幼儿在户外活动中、自我保护上的“小问题”，同时让幼儿了解在户外活动中协助他人的正确方法。通过活动加深幼儿对正确行为和危险行为的辨别，同时提高中班幼儿自我保护意识，培养幼儿的规则意识，避免户外活动安全事故的发生。

（二）活动目标

第一，了解户外活动的安全行为与危险行为。

第二，运用扶、撑、躲等自我保护方法，进行自我保护和同伴互助。

（三）活动准备

布置“荒岛”活动场地、“荒岛”平面大地图，提供彩虹伞、平衡木、海绵球等体育器械，行为记录表6份、签字笔若干、红色警告标记粘贴若干。

（四）活动过程

1. 荒岛热身运动

教师介绍户外活动场地——“荒岛”，这个“荒岛”上充满着未知的危险。

幼儿在教师的带领下热身，让身体热起来，做好万全的准备吧！

2. 荒岛危险大探查

教师引导幼儿仔细观察“荒岛”的户外场地，说一说玩的时候需要注意什么。

将幼儿分为6组，让幼儿结伴去寻找“荒岛”上有什么地方是“危险地带”。

找到“危险地带”后，贴上红色警告标记，提醒幼儿思考用什么方法度过危险地带。

小结：原来户外活动的地方这么多，需要注意的事情都不一样，小朋友们要把玩游戏时的注意事项牢牢记在心里，这样才能在户外活动时保护自己的安全。

3. 户外安全我知道

（出示荒岛地图）

师：你们刚才去了“荒岛”的哪些地方？是用什么方法保护自己和同伴逃离危险地带的？

讨论：如何在“荒岛”游戏中保护好自己？

幼儿分组用行为记录表归纳出安全动作和危险动作，教师提炼“扶”“撑”“躲”三种正确的保护方法。

小结：你们的办法都很棒，看来自我保护不但在生活中起到很大的作用，而且能够在运动游戏时保护我们不受伤害。每次进行运动游戏前要好好地热身，游戏时运用正确的方法，既能保护好自己的身体，也能帮助同伴。

行动记录表			
	独木桥图片	火焰山图片	鲨鱼海图片
扶的图片			
撑的图片			
躲的图片			

备注：幼儿游戏后，对照不同地域中自己通过的动作进行相应勾选并汇总。

4. 荒岛冒险重保护

自主结伴游戏：从布置的独木桥走过，攀爬“火焰山”时“扶”好梯子边缘，过“鲨鱼海”时相互协助，幼儿和同伴一起“撑”起彩虹伞钻到“独木桥”，走“独

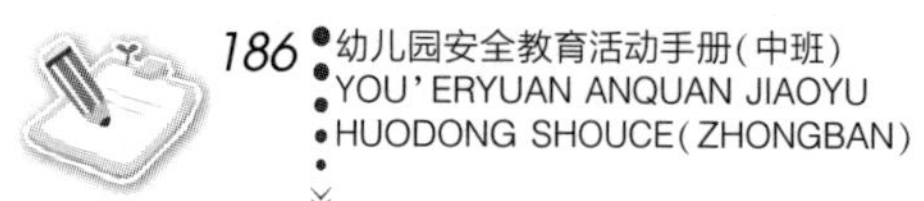

木桥”时，注意“躲”开海绵球袭击，最终到达终点者胜利。

分组大冒险：将幼儿分为2组进行冒险游戏，哪一队配合得最好、全员最快安全到达终点的队伍胜利。

老师和幼儿进行放松，收拾器械。

(五)活动评价

“荒岛冒险”游戏富有挑战性。活动开始，通过让幼儿实地探查幼儿园户外活动中的“危险地带”，使幼儿了解户外活动中的危险行为和安全行为。

活动中让幼儿参与到真实的游戏场景中，幼儿自由结伴分组，运用调查表记录同伴户外活动中的危险行为和安全行为，锻炼幼儿之间的协作能力。通过亲身体验，让幼儿清楚地归纳出“扶”“撑”“躲”三种自我保护方法，并能在游戏的过程中正确运用“扶”“撑”“躲”的方法保护自己和同伴，完成冒险游戏，体验成功的快乐。

整个活动的设计层层递进，让幼儿通过实地搜寻、调查、记录、归纳等方法更加深入的了解户外活动的正确保护身体的方法；知道在户外活动中，哪些危险行为不能做。通过此活动，幼儿学习了基本的户外活动安全知识，建立了户外活动安全意识。

(六)活动延伸

1. 相关活动延伸

“宅家安全提示员”：首先请家长和幼儿阅读关于户外游戏中不安全行为的图片，让幼儿说一说图片中谁做得对，谁做得不对。每周家长和幼儿在家庭成员中选定一个人，一周一轮换，换着在家里当“安全提示员”，谁做了不安全的事情或者发现家里有隐患的位置，及时提醒，保护家人的安全。

2. 一日生活、区域游戏等活动延伸

体育器械我会用：结合“户外活动安全标识设计”的活动，提示幼儿在户外玩大型玩具时也要注意安全。中班幼儿在了解户外运动器械的正确使用方法后，可以带领小班幼儿做户外游戏，教小班的弟弟妹妹怎么使用体育器械。

美工区：绘制安全标识图。在班级美工区投放绘画材料，幼儿可以画一画户外游戏时发现的安全标识或者自主设计的户外游戏安全标识。

建构区：进行“户外施工的安全”游戏。将“户外施工”的防护栏、安全帽、安全衣、安全手套等保护工具投放在班级建构区，了解防护栏、安全帽、安全衣、安全手套等特殊而又必备的户外施工安全工具的使用方法和功能。

3. 家园亲子活动延伸

智力游戏“户外探险棋”：在游戏开始前，分得小锦囊若干，每一个幼儿依次凭运气掷骰子前进，当遭遇户外路上遇到的危险时，找寻与其对应的解决办法，如果找不到对应的解决办法就要在原地等待一局。掷骰子到达终点最快的幼儿，可以了解更多户外的安全隐患和避免危险的办法。

4. 其他延伸活动

语言区“创可贴小猪故事”：通过绘本故事引导幼儿了解如何保护自己，组织幼儿讨论如果户外活动受伤了应该怎么处理，并且让幼儿改编故事的结尾，把老师制作好的图案及小动物剪下来，进行创可贴小猪的故事改编和讲述。幼儿自选背景图片进行改编故事讲述，或者用“插、贴、摆”等方式进行操作，一边操作一边讲述，还可以以小组形式分角色创编，录制成小小故事盒。

（七）参考资源

1. 参考书目

苏晖．幼儿园安全管理实用手册．北京：中国农业出版社，2017.

孙海燕．幼儿户外活动中的安全问题及防范措施．新教育时代，2014(23).

2. 拓展阅读

(1) 安全儿歌

户外安全要注意

天气好，户外玩，安全事项要牢记。

滑滑梯，排好队，不推不挤共游戏。

攀爬时，手抓牢，不疯不闹登到顶。

活动完，要注意，体育用品搬回去。

户外游戏安全

户外接受阳光照，

小朋友们兴趣高。

必要准备要做好，

自我保护更重要。
高高兴兴做游戏，
遵守规则不乱跑。
安全锻炼长本领，
身体健壮发育好。

(2)安全故事

创可贴小猪

天气凉爽，阳光明媚，小猪和小兔约着一起到草地上玩躲避球。小兔把皮球抛给小猪，小猪没有用手去接，“咚”的一声，皮球碰到了额头上，额头被碰出一个红红肿肿的大包。小猪大哭了起来，小兔连忙说：“别哭别哭，贴上创可贴就会好起来的。”说着，小兔就在小猪的额头上贴了创可贴。

第二天，小猪和小松鼠一起爬树。小猪没有抓牢树枝，摔了下来，“咚”的一声，屁股摔到了地上，摔得肿了。小猪又哭了起来，小松鼠连忙说：“别哭别哭，贴上创可贴就会好起来的。”说着，小松鼠就在小猪的屁股上贴了创可贴。

第三天，小猪和小猫一起玩滑梯。小猪倒着滑滑梯，一下子从滑梯上滑下来，“咚”的一声，腿擦在地上，擦得红红肿肿。小猪大哭了起来，小猫连忙说：“别哭别哭，贴上创可贴就会好起来的。”说着，小猫就在小猪的腿上贴了创可贴。

小猪的额头上、屁股上、腿上都贴了创可贴，小动物们看见了都说：“哎呀，小猪变成‘创可贴小猪’了。”

中班活动3：不听话的秋千

（一）活动背景

升入中班以后，幼儿的动作发展更为灵活。秋千的游戏难度大，手没抓牢，荡得过高、过快都容易跌落，引发安全事故。中班幼儿的自我保护意识和自我保护能力还有待提高，教师开展“不听话的秋千”安全教育活动旨在培养幼儿的自我保护意识，提高幼儿自我保护能力，消除安全事故隐患。

此活动创设了辩论赛这一具有竞争意识的语言表达环境，让幼儿围绕安全玩秋千的话题展开辩论。通过辩论，幼儿能主动表达自己的安全游戏经验，同时也可以倾听其他幼儿的观点，从而在原有基础上提高自我保护意识和对安全游戏行为的判断能力。

（二）活动目标

第一，认识到荡秋千要坐稳，手要抓牢秋千绳，不能荡得过高、过快。

第二，能正确判断安全玩秋千的行为，有自我保护意识。

（三）活动准备

图片1：幼儿玩秋千没坐稳；图片2：幼儿玩秋千，手没抓牢秋千绳；图片3：幼儿玩秋千荡的很高；图片4：幼儿玩秋千，手抓紧了秋千绳；图片5：幼儿坐稳了玩秋千；图片6：幼儿玩秋千荡的不高。

（四）活动过程

1. 引出辩论赛主题

教师引出“玩秋千会不会摔跤”的话题。

幼儿讨论玩秋千时会发生的危险情况。

小结幼儿讨论的情况，提出开展“玩秋千危险吗？”的辩论赛游戏。

2. 分组讨论，辩论赛前期准备

教师将幼儿分成2组，准备辩论。正方辩题为听话的秋千，反方辩题为不听话的秋千。

3. 表述观点，辩论赛正式开始

幼儿分组陈述各自观点。

教师引导正方幼儿表达“听话的秋千”这一观点时，根据图片说出玩秋千的正确方法：坐稳秋千板，手抓牢秋千绳。

教师引导反方幼儿表达“不听话的秋千”这一观点时，根据图片说出玩秋千要注意的安全注意事项：不能荡太高，不能荡太快；秋千下面有其他幼儿时不能荡。

教师作为辩论赛评委，总结双方辩论陈词。

4. 评选最佳小辩手，结束比赛

教师请幼儿评选最佳小辩手。

教师请最佳小辩手说说自己的辩论感言，进一步归纳“荡秋千危险吗？”的安全游戏经验。

教师小结今天的活动情况，结束比赛。

（五）活动评价

辩论具有对抗性语言交锋的特点，在辩论的游戏情境中，幼儿主动讨论、思考、判断，与同伴分享交流观点，归纳出荡秋千存在的安全隐患，加深幼儿对安全荡秋千的规则和方法的认识。

教师在活动中从不同的角度帮助幼儿认识如何安全玩秋千，提高了幼儿判断安全游戏行为的能力。

（六）活动延伸

1. 相关活动延伸

语言活动“荡秋千”。

教师表演各种荡秋千姿势：荡秋千时跪着、荡秋千站着、荡秋千单手抓秋千绳索、张开双手玩秋千、在秋千上大笑，让幼儿判断这些姿势的对错。

请幼儿听《荡秋千》的儿歌，讨论儿歌中的幼儿是怎么荡秋千的。学习儿歌内容，鼓励幼儿创编动作。

2. 一日生活、区域游戏等活动延伸

活动“好玩的秋千”。

收集各种荡秋千的图片，交流秋千的玩法，观察木制、铁制和藤编等不同材料、不同造型的秋千，感受不同秋千的特点。

收集积塑、积木等建构材料和各种秋千的图片，在建构区开展游戏。

在阅读区投放绘本《荡秋千》，开展绘本阅读的活动。

3. 其他延伸活动

教师和幼儿一起探索有关秋千的民间游戏。

（七）参考资源

荡秋千

秋千板，坐稳了；
秋千绳，抓牢了。

一上一下慢点荡，

妈妈点头微微笑，

夸我是勇敢宝宝。

中班活动4：玩球要注意什么呢

（一）活动背景

多数幼儿已经接触过皮球等球类器材，中班幼儿因为年龄特点，自我保护意识不强，户外玩球时总会发生一些安全小事故。例如，玩篮球时，因为气太足，幼儿用力过猛，导致自己被砸伤；看到羊角球，坐上去却因没有掌握平衡而摔倒；踢足球时因太急于进球而崴到小脚等。

球是每个家庭，每个小朋友都会玩的器械，球的种类也多种多样。教师通过“玩球要注意什么”的安全教育活动让幼儿掌握安全游戏常识，并了解各种各样的玩具球的安全动作要领。

（二）活动目标

第一，乐意与同伴分享各种玩球的安全知识。

第二，了解常见球类游戏时的不安全行为。

第三，能判断图片上幼儿参与游戏方法的正误，讲述安全使用各种玩具球的方法。

（三）活动准备

视频：《玩皮球的小朋友》；篮球、足球、羊角球若干；危险动作的图片，例如，“用球打闹”“抢夺球”“把球乱放”等；

幼儿自带家中球类器械一个。

（四）活动过程

1. 视频导入，了解皮球安全玩法

幼儿观看《玩皮球的小朋友》视频。

教师引导幼儿交流讨论如何正确地玩皮球。

小结玩皮球的动作要领。（拍球时双腿自然分开，手腕用力，手掌自然分开，正对篮球等）

2. 分组玩球，了解生活中常见玩具球的安全玩法

将幼儿分为三组：篮球组、足球组、羊角球组。

请小组成员互相讲述不安全的玩球行为。

小结常见球的安全玩法。

重点提示幼儿玩篮球时，将球向下拍，双手或单手拍球，眼睛不要东张西看。踢足球时要注意周围环境，小心自己的脚。玩羊角球时要掌握身体平衡，时刻注意自我保护。

3. 展示游戏，分享安全知识

教师请幼儿展示自己带来的球。

幼儿自由玩球，并讨论各种球的安全玩法。

4. 交流回顾，知道各种球类游戏中的自我保护方法

出示玩图片，引导幼儿讲述不安全使用行为会引发摔跤、绊倒的危险事故。

幼儿互相交流，回顾玩具球的安全玩法。

小结：不抢夺，轮流玩，遵守玩球时的游戏规则，注意观察周围环境，提高自我保护意识，玩完球后将其放好还原。

5. 交换器械，幼儿安全使用、体验各种玩具球

交换玩球，感受不同的球的安全玩法。

归纳玩不同球的安全规则和方法。

（五）活动评价

此活动涉及玩多种球的安全规则和玩球的安全方法，教师将活动分为多个步骤，层层递进，将中小型器械——球类的安全知识融入各种活动中，拓宽中班幼儿对多种球类运动安全知识的广度，也增强了幼儿的自我保护意识。

通过观看视频，引导幼儿认识玩球时的不安全行为。紧接着教师引导幼儿分组游戏，并和幼儿共同总结玩篮球、足球、羊角球游戏时，所需要注意的安全规则。开展展示活动，教师让幼儿互相讲述自己带来的球的玩法和安全知识，扩充幼儿对不同种类球的认识，增长幼儿对球类游戏的安全知识。最后交换玩球，让幼儿体验多种玩球活动的安全行为。

（六）活动延伸

1. 相关活动延伸

幼儿在操场进行户外活动，教师注意观察幼儿活动安全。

2. 区域活动延伸

图书区：投放故事书《足球运动员》《汤姆和篮球》《篮球发烧友》《小小足球星》《我爱足球》《富兰克林的跳绳》。

美工区：创设篮球、足球、保龄球、曲棍球、手球、魔术球六种球区域，配置相应的辅助材料让幼儿装饰自己的小球。

角色扮演区：为幼儿提供各种运动球员的服装，让幼儿扮演运动球星等。

3. 家园亲子活动延伸

家长与幼儿一起制作亲子玩球安全手抄报。加深幼儿安全玩球的意识。

4. 其他延伸活动

传球游戏：教师准备有安全玩球内容和不安全玩球内容的卡片，幼儿围坐在一起听铃声传球，当铃声停下时，手拿球的幼儿从盒子里取出一张卡片面向全体幼儿问："这样玩可以吗？"幼儿根据卡片内容边拍手边讲："对，对，对，可以这样玩""错，错，错，不能这样玩。"游戏可以反复进行。

（七）参考资源

1. 参考书目

刘倩．学前儿童健康教育．武汉：华中师范大学出版社，2012.

舒渊．幼儿篮球游戏活动安全风险防范研究．广州：广州体育学院，2017.

2. 儿歌

篮球运球秘籍

眼平肩正脚踏宽，
拍球高度眼要看。
球要落在双脚前，
上上下下连贯点。

拍球动作要领

两腿蹬地向下拍，
大臂小臂要发力。
五指撑开像小伞，
拍球真的不简单。

五、主题单元幼儿表现评估

主题__________

班级__________　　幼儿姓名__________　　教师姓名__________

评价者__________　　日期__________

评估准则：完全掌握或做到为 4 分；有时掌握或做到为 3 分；初步掌握或做到为 2 分；暂未掌握或做到为 1 分。

学习目标	具体表现	1 分	2 分	3 分	4 分
1. 能够遵守运动与游戏中的安全规则，在运动中主动躲避危险					
2. 感受与同伴安全进行合作运动游戏的乐趣					
3. 认识户外活动中常见的安全标识，愿意遵守安全规则					
4. 了解安全使用各种球类的方法，能够辨别运动游戏中的危险行为					
5. 在外出运动游戏时，能够有序进出门，排队，不拥挤					

附录：本书作者分工表

安全单元及负责人		活动名称及作者
意外伤害	康永祥	我身边的大英雄(梁晶)
		瓷器店里的大象(梁晶)
		热水瓶的故事(王美玲)
		冬天的故事(张晓红)
		溺水的橘子狐狸(梁晶)
心理健康	吴文艳	优点大寻找(王水莲)
		情绪小主人(王水莲)
		我是小小勇士(王水莲)
		最好的礼物(王水莲)
		我爱我家(王水莲)
消防安全	李军	防火小卫士(白鸽、刘欣然)
		生活中的消防标志(白鸽、丁建玲)
		着火了如何逃生(白桦)
		着火了怎么办(李艳莹，杜媛)
交通安全	冯江英	我是小交警(地拉仁·尼亚孜)
		我会过马路(柳婷)
		乘车安全我知道(阿依古丽)
		电梯会“咬人”(许静)
社会安全	张海凤	白雪公主历险记(肖兰)
		危险的踩踏事件(殷琴蓉)
		迷路有办法(苏冰瑶)
		躲避小能手(梅玉)

续表

安全单元及负责人		活动名称及作者
居家安全	卢筱红	洗手间里的小秘密(何雪琴)
		厨房用具我不玩(何雪琴)
		大大小小的工具(何雪琴)
		我会和宠物交朋友(何雪琴)
园所安全	刘敏	安全生活(何明佳)
		离园不乱跑(何明佳)
		大型活动听指挥(何明佳)
		楼梯安全故事(何明佳)
卫生饮食安全	秦旭芳	垃圾食品我不吃(王繁、王伟平)
		舌尖上的魔法(王繁、王伟平)
		肚子里有个火车站(王繁、王伟平)
		让疾病逃跑吧(王繁、王伟平)
自然灾害	周丛笑	台风来了，暴雨来了(裴珊珊)
		冰雪好玩要当心(裴珊珊)
		避雷电，躲冰雹(谭子英)
		洪水来了怎么办(谭子英)
		地震了怎么办(谭子英)
身体安全	刘琨	保护我们的大眼睛(陈桦、陈桂连)
		鼻子流血我不怕(陈桦、江春婵)
		远离龋齿(梁丽银，刘小圆)
		小手洗洗真干净(梁丽银，刘雪莲)
		我能大胆说“不”(梁丽银、张莹)
电子产品安全	程秀兰	电器功能我了解(张璐璐)
		手机朋友要当心(张璐璐)
		遵守约定看电视(张璐璐)
		游戏好玩不贪恋(张璐璐)
运动安全	伍香平	安全进出门(周丽婷、王丽筠)
		户外活动安全我知道(丁雅纨、王丽筠)
		不听话的秋千(徐起、周林玥)
		玩球要注意什么呢(涂亚琳、徐起)